KB212764

원리를 알면 장기가 보인다

하루에 깨우치는 장기

서림장기편찬회 엮음

서림문화사

  인류가 만들어낸 수많은 게임이 있지만 장기만큼 오랜 역사와
함께 많은 이들의 사랑을 받으며 발전해온 게임도 흔치 않은 것
같습니다. 서양에서 체스가 큰 인기를 끌며 많은 이들의 사랑을
받았다면 장기는 무려 5천년 동안이나 동양인들에게 인기 있는
마인드스포츠 종목으로 자리를 잡아왔습니다. 이처럼 장기는 오
랜 시간 동안 인류의 사랑을 받으며 역사를 지속해올 만큼 매력
적인 게임임에 틀림이 없습니다. 하지만 선뜻 많은 이들이 장기
입문에 나서지 못하는 이유는 무엇일까요? 그것은 장기라는 게
임은 두뇌가 뛰어난 사람들이나 할 수 있는 고차원적인 게임이
라는 고정관념을 갖고 있기 때문일 것입니다. 실제로 상당한 수
준의 장기 고수가 되기 위해서는 엄청난 지략과 전술 능력을 필
요로 하기도 합니다. 하지만 장기를 두는 사람들 모두가 그 정도
의 능력을 갖추고 장기를 두는 것은 아닙니다. 가벼운 마음으로
장기 게임을 이해하고 즐기는 수준에서 만족하는 동호인들도 많
기 때문입니다. 장기는 알고 보면 규칙이 정말 단순하고 배우기
쉬운 게임 중 하나입니다. 장기는 배우기가 어렵고 똑똑한 사람
들만 할 수 있는 것이라는 고정관념만 버린다면 오늘 당장이라
도 여러분은 장기를 둘 수 있을 것입니다.
  이 책은 장기를 하루에 깨우칠 수 있도록 기획되었습니다. 장기
에 대한 지식이 전혀 없는 왕초보 입문자라 할지라도 하루만 투
자하면 오케이라고 자신할 수 있을 정도로 원리 위주로 쉽게 구
성된 것이 특징입니다. 특히 QR 코드 동영상을 활용한 보조 설
명은 독자 여러분이 장기를 이해하는데 큰 도움을 줄 수 있을 것
입니다.

                                     2024년 1월 서림장기 편찬회

 **차 례**

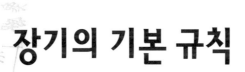

제1장

장기의 기본 규칙

1 장기의 기본 규칙과 행마법

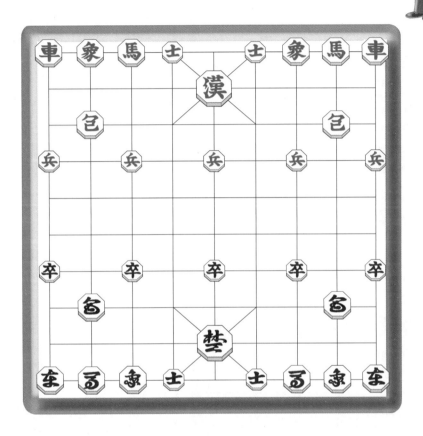

장기는 한나라와 초나라가 승패를 겨루는 게임입니다. 장기의 기본 포진도는 그림과 같으며 (상과 마의 위치는 서로 맞바꿔서 놓는 것도 가능) 초나라가 먼저 시작합니다. 여러 가지 기물들을 사용해서 최종적으로 상대편 궁(왕)을 잡으면 승리하게 됩니다. 장기를 잘 두기 위해서는 우선 각각의 기물들의 역할과 행마법을 익혀야 합니다.

포인트 1 장기는 초나라와 한나라가 승패를 겨루는 게임

포인트 2 각종 기물을 이용해서 상대편 궁(왕)을 잡으면 승패가 결정

그림 1 전투력이 가장 강한 기물은 차

장기 기물들의 종류에는 여러 가지가 있습니다. 그 중에서 가장 전투력이 강한 기물은 바로 차(車)입니다. 그럼 차가 어떻게 움직이는지 살펴 보도록 하겠습니다.

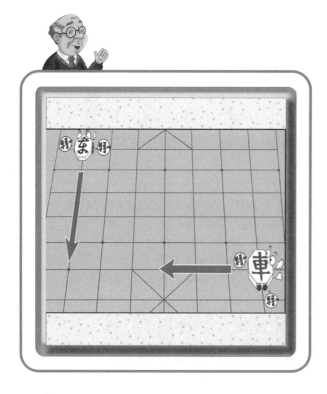

그림 2 차의 행마법

차는 좌우 앞뒤 장애물만 없다면 어디든지 자유롭게 다닐 수 있습니다. 그러므로 여러 가지 기물 중에서 속도가 가장 빠르다고 할 수 있습니다.

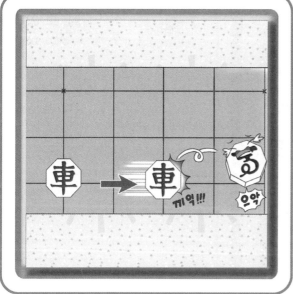

그림 3 ### 차의 활용법과 기물 잡기

차가 움직이는 앞에 상대편 기물이 있을 경우에는 어떤 기물이든 잡을 수 있습니다. 대신에 상대편 기물을 잡을 때는 그 자리에서 멈춰야 합니다.

그림 4 ### 우리편 기물이 있을 때는 정지

만약 차가 가는 앞에 우리편 기물이 있을 경우에는 더 이상 전진하지 못하고 그 앞에서 서야 합니다.

그림 5 **차 다음으로 전투력이 강한 포**

포는 차 다음으로 전투력이 강한 기물입니다. 그럼 포가 어떻게 움직이는지 살펴 보도록 하겠습니다.

그림 6 **포의 행마법**

포는 차와 같이 좌우 앞뒤 어디든지 갈 수 있습니다. 대신에 하나의 기물을 반드시 넘어야 이동할 수 있습니다. 그렇지만 한번에 2개의 기물은 넘을 수 없습니다.

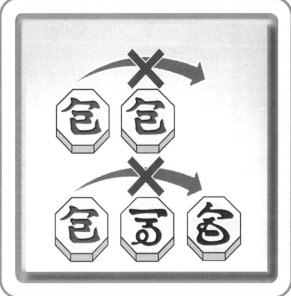

그림 7 포의 활용법과 기물 잡기

포는 상대편 기물들을 모두 잡을 수 있지만 같은 포끼리는 잡을 수도 넘을 수도 없습니다.

그림 8 포 다음으로 전투력이 강한 마

마는 말이란 뜻으로 차나 포보다는 동작이 조금 느립니다. 하지만 차나 포 다음으로 전투력이 강한 기물이 마입니다.

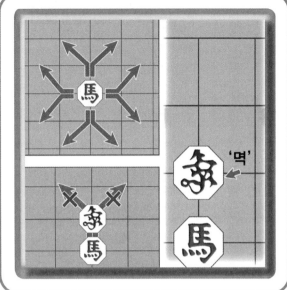

그림 9 **마의 행마법**

마는 날일자(日) 모양으로 좌우 앞뒤 어디든지 움직일 수가 있습니다. 하지만 마는 가는 길에 장애물이 있다면 움직일 수가 없습니다. 장기에서는 그 장애물을 가리켜 '멱'이라고 부릅니다.

'멱'

그림 10 **마 보다 더 멀리 움직일 수 있는 상**

상은 코끼리라는 뜻으로 용자(用) 모양으로 움직일 수가 있습니다. 상은 마 보다는 좀 더 멀리 갈 수 있지만 차, 포, 마에 비해 상대적으로 그 가치가 떨어집니다.

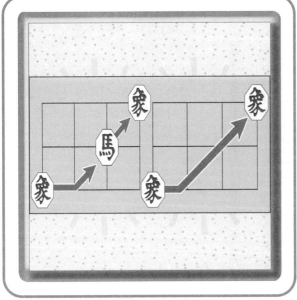

그림 11　　상의 행마법

상은 마와 비슷한 방향으로 움직일 수 있는데 마 보다 대각선 방향으로 한칸 더 갈 수 있습니다. 마는 '멱'이 1개이지만 상은 '멱'이 한군데 더 있어서 움직이는데 더 많은 제약을 받는 기물입니다.

그림 12　　상의 멱과
움직임

상은 두 군데의 멱 중에서 어느 한 곳이라도 장애물이 있으면 움직일 수 없다는 단점을 지니고 있습니다. 장기 판에 놓인 기물들이 모두 중앙에 놓여 있는 상의 멱이 되고 있습니다.

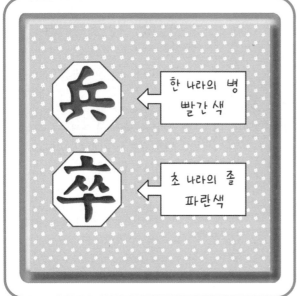

그림 13 병과 졸

병과 졸은 다른 장기 기물들과 달리 각각의 이름이 틀립니다. 한나라는 병으로 초나라는 졸로 불리기 때문입니다.

한 나라의 병
빨간색

초 나라의 졸
파란색

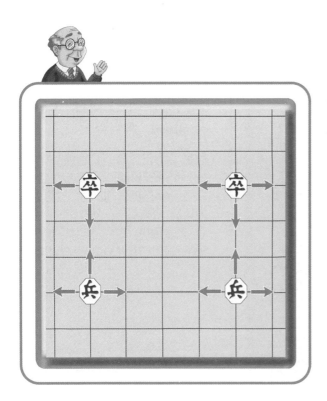

그림 14 병과 졸의 행마법

병과 졸은 좌우 앞으로 한칸씩 밖에는 움직일 수가 없습니다. 특히 명심해야 할 것은 병과 졸은 절대 뒤로는 움직일 수가 없다는 것입니다. 그러므로 전진할 때 신중을 기해야 합니다.

그림 15 궁과 사

마지막으로 설명할 기물은 궁(宮)과 사(士)입니다. 장기는 상대편의 궁을 먼저 잡으면 승리하는 게임이기 때문에 궁을 지키고 있는 사를 매우 중요하게 여겨야 합니다.

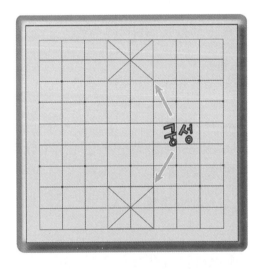

그림 16 궁과 사의 제약

궁과 사는 장기판 전체를 돌아다닐 수 없고 궁성 안에서만 움직일 수 있습니다.

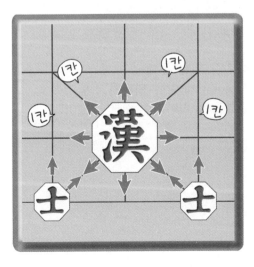

그림 17 궁과 사의 행마법

궁과 사는 궁성 안에서는 자유롭게 움직일 수 있지만 한번에 한칸씩만 움직일 수 있습니다.

장기 기물의 명칭 및 역할과 비중

- 역할 및 비중 -

궁 : 한 나라의 임금과 같은 존재.
궁이 잡히면 게임이 끝날 정도로 장기 게임에서 절대적인 비중을 차지함.

사 : 궁의 호위무사와 같은 존재.
한 국가의 대통령을 지키는 경호실장과 같은 역할을 담당하고 있음.

차 : 전투력이 가장 강한 장군과 같은 존재.
특히 기동력이 뛰어나서 상대방에게 가장 큰 공포감을 주기도 하는 기물이다.

포 : 차와 더불어서 강한 전투력을 보유하고 있는 존재.
반드시 한 개의 기물을 넘어야 이동할 수 있는 특징 때문에 현대전의 대포와
같이 멀리 떨어진 적을 공격할 때 사용하고 있다.

마 : 근접 거리에서 특히 강한 전투력을 발휘하는 존재.
비교적 기동력이 뛰어난 기물이다.

상 : 멀리 떨어져 있는 적을 공격할 때 능력을 발휘하는 존재.
멱이 2개라는 장애 요인 때문에 기동력이 떨어지는 단점이 있다. 그러므로
자신을 희생해서 아군의 진출로를 확보하는데 자주 활용되고 있다.

병, 졸 : 병과 졸은 전투력과 기동성이 가장 약한 존재.
초반전에 상대방의 공격을 방어하는데 중요한 역할을 담당하고 있다.
끝까지 살아 남을 경우 차와 같은 파괴력을 발휘하기도 하는 기물이다.

장기 기물의 점수

궁(宮)	

1.5점	0점

차(車)

13점

포(包)

7점

마(馬)

5점

상(象)

3점

사(士)

3점

병(卒)	졸(卒)
兵	卒
2점	

장기 기본용어

기물 : 장기를 두기 위하여 필요한 도구인 장기알을 칭한다.

행마 : 기물들이 제각기 가는 길을 말한다.

포진 : 대국이 시작되어 자기 나름대로의 방어진을 형성하는 것을 말한다.

입궁 : 내 편의 기물이 상대편 궁성에 들어가는 것을 말한다.

합졸(合卒) 또는 합병 : 졸(병)을 서로 모여 합쳐 놓은 것으로 튼튼한 형태가 유지된다.

독병 : 병졸이 합졸 되지 않고 혼자 떨어져 있는 것.

면포 : 포가 중앙의 궁 바로 위에 위치하는 것을 말한다.

면상 : 상이 중앙의 궁 바로 위에 위치하는 것을 말한다.

귀 : 궁성의 네 가장자리를 말한다.

빅수 : 장기를 둘 때 서로가 상대방의 말을 잡지 못하거나 이길 수 없는 수.

장군 : 상대편의 궁을 노리고 두는 수.

멍군 : 장군을 받아 막는 수.

민궁 : 궁성에 사가 하나도 없이 궁만 남아 있는 형태.

외통수 : 한편에서 부른 장군으로 상대편의 궁을 피할 수 없게 두는 수.

양수겸장(兩手兼將) : 장기에서 두 개의 기물이 동시에 장군을 부르는 수.
양수겸장일 때는 어느 한쪽 장군만 받는 게 아니고 둘 다 받아야 한다.

양걸이 : 어떤 기물이 움직이면서 상대편 2개의 기물을 동시에 공격하는 수법.

뜰장 : 앞에 있던 기물이 움직이면서 뒤에 있는 기물이 장군을 부르는 공격수.

양차 합세 전법 : 양차가 합세한 합동 공격으로 적진의 진영을 뚫거나 기물들을 위협하는 대표적인 공격법.

멱 : 장기 기물이 움직이는 길(길목)을 말하는데 보통 마와 상이라는 기물에서 움직이고자 하는 곳에 장애물이 있어 가지 못하는 경우에도 불구하고 이동할 때 멱이라는 개념이 적용된다.

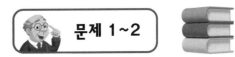
© 차가 갈 수 있는 모든 길에 동그라미 표시를 해 주세요.

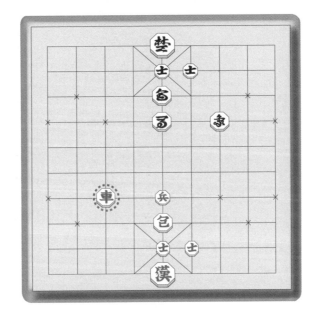

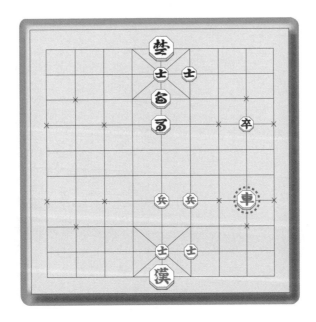

정답 1~2

동그라미로 표시한 곳이 차가 갈 수 있는 모든 길입니다.

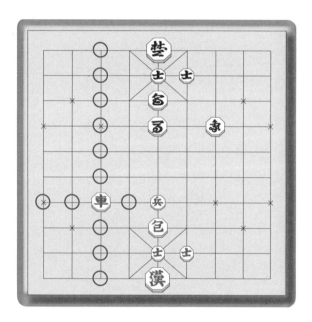

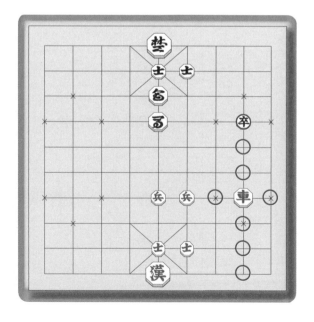

포가 갈 수 있는 모든 길에 동그라미 표시를 해 주세요.

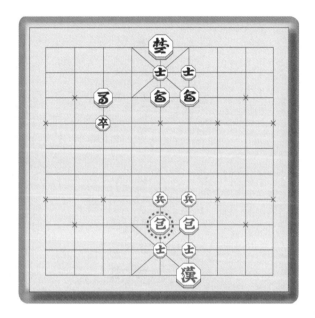

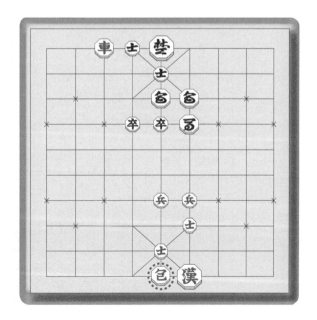

➡️ 동그라미로 표시한 곳이 포가 갈 수 있는 모든 길입니다.

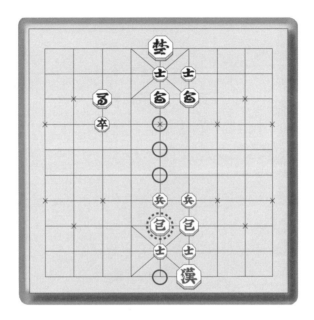

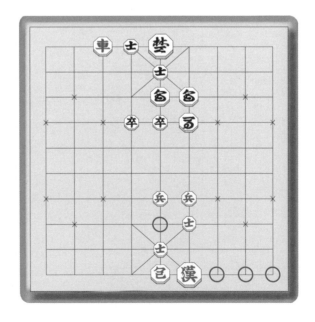

마가 갈 수 있는 모든 길에 동그라미 표시를 해 주세요.

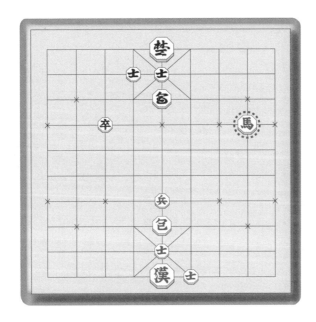

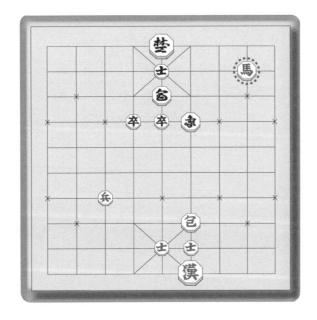

동그라미로 표시한 곳이 마가 갈 수 있는 모든 길입니다.

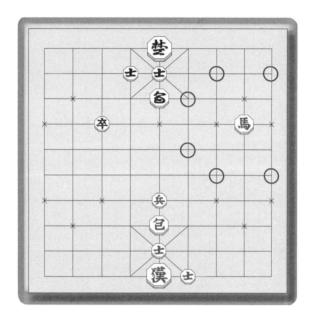

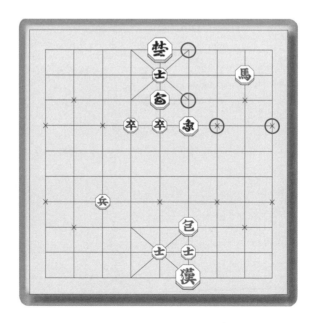

문제 7~8

 상이 갈 수 있는 모든 길에 동그라미 표시를 해 주세요.

7

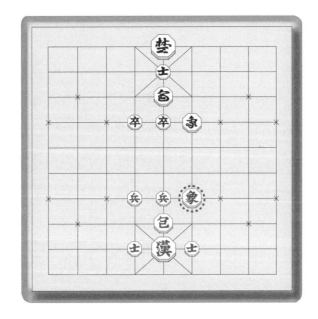

8

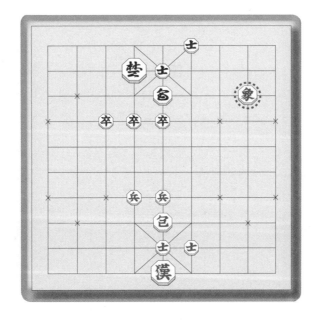

정답 7~8

 동그라미로 표시한 곳이 상이 갈 수 있는 모든 길입니다.

7

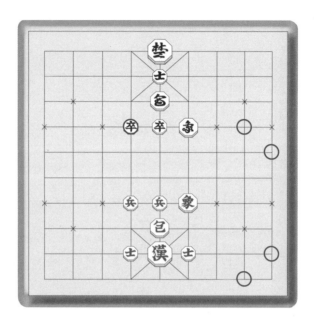

8

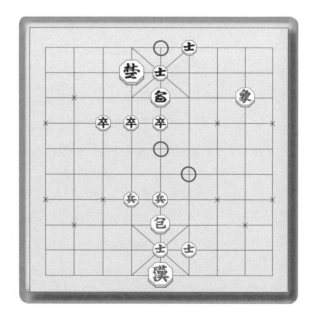

문제 9~10

병과 졸이 갈 수 있는 모든 길에 동그라미 표시를 해 주세요.

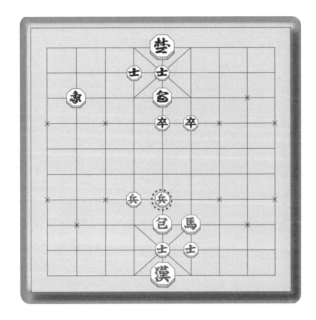

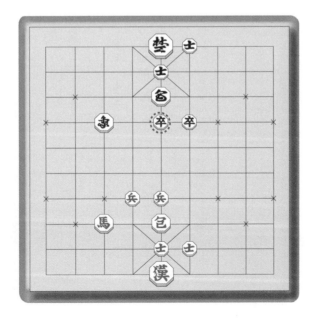

정답 9~10

 동그라미로 표시한 곳이 병과 졸이 갈 수 있는 모든 길입니다.

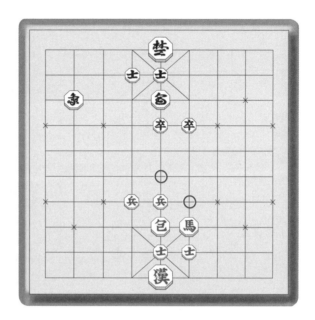

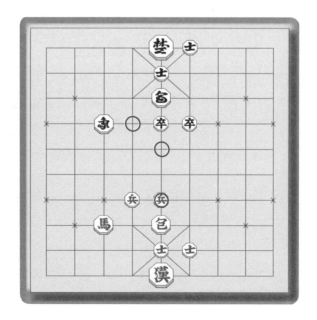

제2장

각종 기물을 이용해서
상대편 기물 잡기

핵심주제

1 차를 이용해서 기물 잡기

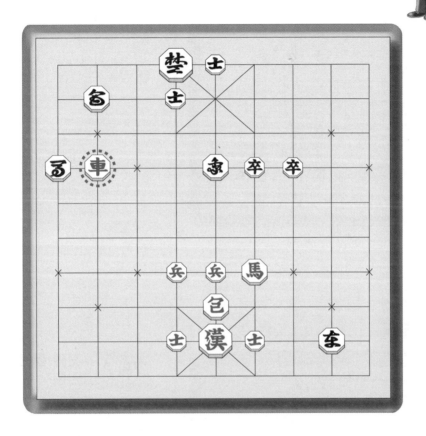

 차를 이용해서 초나라 기물을 잡으려고 합니다. 차를 이용해서
잡을 수 있는 초나라의 기물은 여러 가지가 있습니다. 그렇다
면 과연 그 기물 중에서 어떤 기물을 잡을 수 있을까요?

포인트 1) 잡을 수 있는 상대편 기물 파악이 우선

포인트 2) 잡을 수 있는 기물과 잡을 수 없는 기물을 판단

그림 1 **마를 잡는 것이
정답**

차를 이용해서 마를 잡는 것이
좋은 수입니다. 한나라에서는
아무런 피해 없이 초나라의 마
를 잡을 수 있습니다.

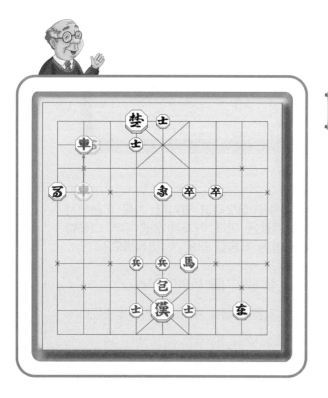

그림 2 **포를 잡는 것은
의문**

차를 이용해서 포를 잡는 것은
좋은 수가 아닙니다.

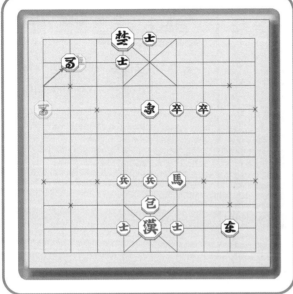

그림 3 마에게 잡힌 차

그림 2 이후 초나라에서는 마를 이용해서 한나라 차를 잡을 수 있으므로 한나라의 손해입니다.

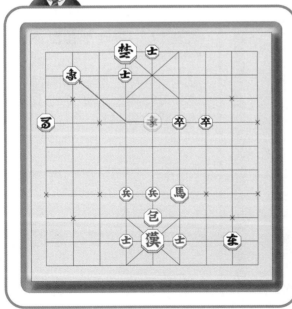

그림 4 상을 이용해서 차 잡기

초나라에서는 상을 이용해서 한나라의 차를 잡을 수도 있습니다.

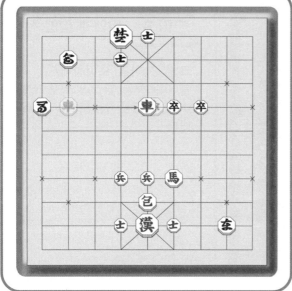

그림 5 상을 잡는 것도
의문

차를 이용해서 초나라의 상을
잡는 것도 좋은 수가 아닙니다.

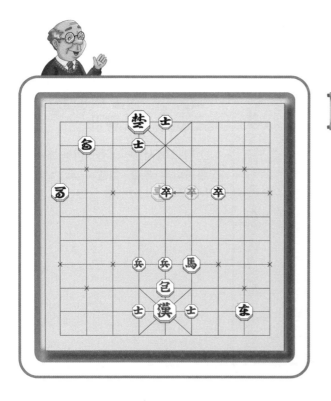

그림 6 졸에게 잡힌 차

초나라에서는 졸을 이용해서
한나라의 차를 잡을 수 있으므
로 대만족입니다.

차를 이용해서 초나라의 기물을 잡으려고 합니다. 한나라에서는 초나라의 어떤 기물을 잡는 것이 좋을까요?

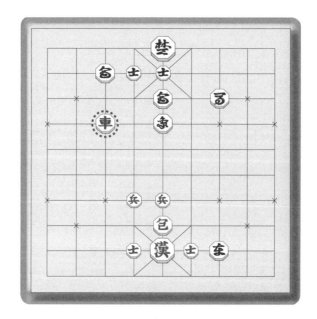

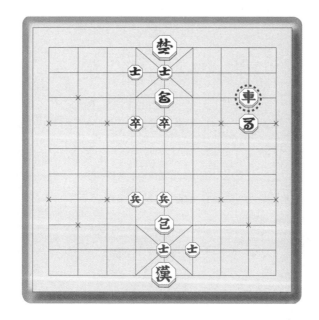

화살표 방향으로 움직여서 초나라의 기물을 잡는 것이 정답입니다.

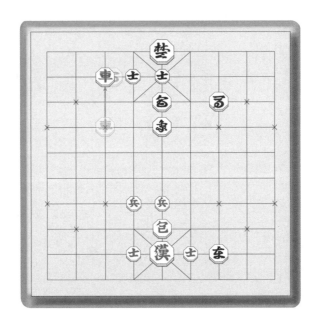

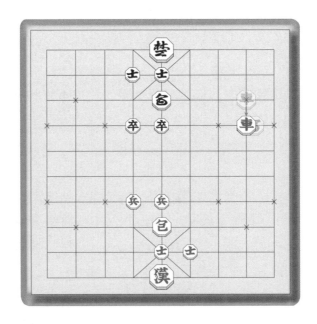

2 포를 이용해서 기물 잡기

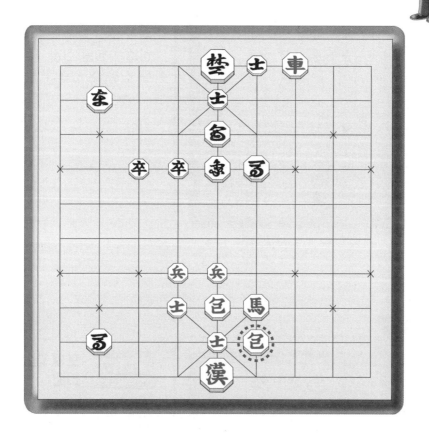

포를 이용해서 초나라 기물을 잡으려고 합니다. 포를 이용해서 잡을 수 있는 초나라의 기물은 여러 가지가 있습니다. 그렇다면 과연 그 기물 중에서 어떤 기물을 잡을 수 있을까요?

포인트 1   포를 이용해서 잡을 수 있는 기물 파악이 우선

포인트 2   잡을 수 있는 기물과 잡을 수 없는 기물을 판단

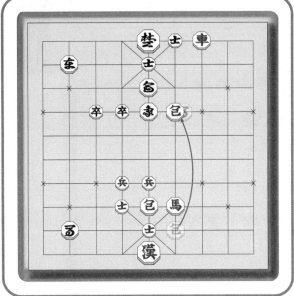

그림 1 마를 잡는 것이 정답

포를 이용해서 마를 잡는 것이 좋은 수입니다. 한나라에서는 아무런 피해 없이 초나라의 마를 잡을 수 있습니다.

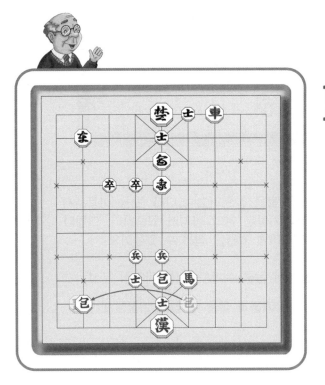

그림 2 포를 잡는 것은 의문

포를 이용해서 왼쪽에 있는 마를 잡는 것은 좋은 수가 아닙니다.

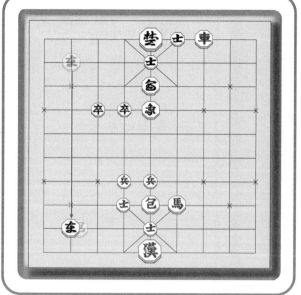

그림 3 차에게 잡힌 포

그림 2 이후 초나라에서는 차를 이용해서 포를 잡을 수 있습니다. 결국 초나라의 마를 잡고 포를 잃었으므로 한나라의 손해입니다.

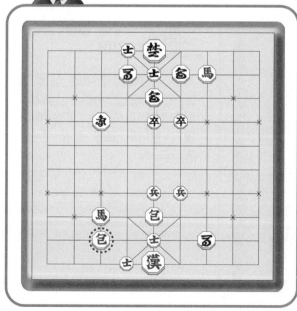

그림 4 포를 이용해서 차 잡기

한나라에서는 포를 이용해서 초나라의 기물을 잡으려고 합니다. 그렇다면 초나라의 어떤 기물을 잡는 것이 좋을까요?

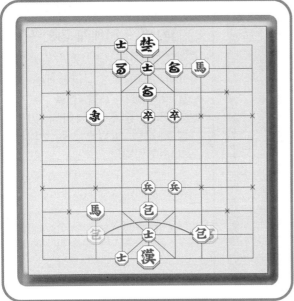

그림 5 마를 잡는 것이
정답

포를 이용해서 초나라의 마를
잡는 것이 좋은 수입니다. 한
나라에서는 아무런 피해 없이
이득을 취할 수 있습니다.

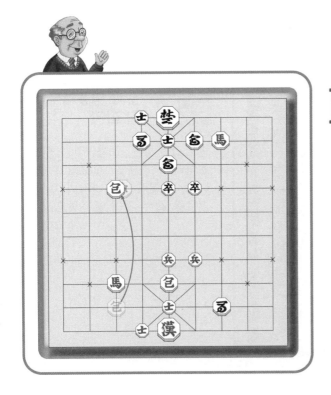

그림 6 상을 잡는 것은
의문

포를 이용해서 초나라 상을 잡
는 것은 좋은 수가 아닙니다.
이후 초나라에서는 마를 이용
해서 한나라 포를 잡을 수 있
습니다.

ⓒ 포를 이용해서 초나라의 기물을 잡으려고 합니다. 한나라에서는 초나라의
어떤 기물을 잡는 것이 좋을까요?

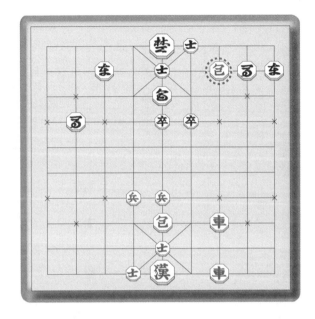

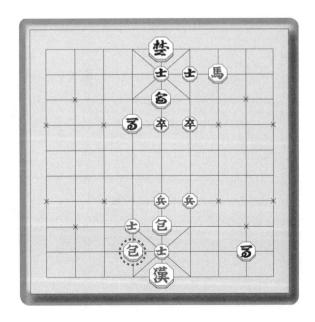

정답 1~2

 화살표 방향으로 움직여서 초나라의 기물을 잡는 것이 정답입니다.

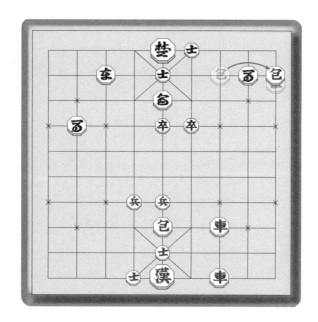

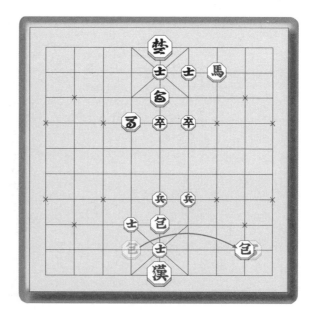

3 마를 이용해서 기물 잡기

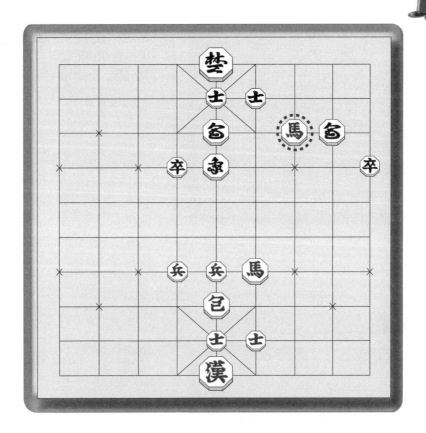

마를 이용해서 초나라 기물을 잡으려고 합니다. 마를 이용해서 잡을 수 있는 초나라의 기물은 여러 가지가 있습니다. 그렇다면 과연 그 기물 중에서 어떤 기물을 잡을 수 있을까요?

포인트 1 마를 이용해서 잡을 수 있는 기물 파악이 우선

포인트 2 잡을 수 있는 기물과 잡을 수 없는 기물을 판단

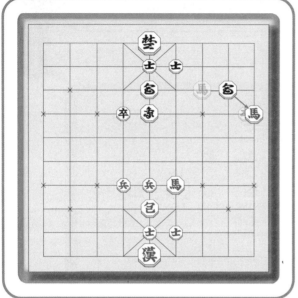

그림 1 졸을 잡는 것이 정답

마를 이용해서 졸을 잡는 것이 좋은 수입니다. 한나라에서는 아무런 피해 없이 초나라의 졸을 잡을 수 있습니다.

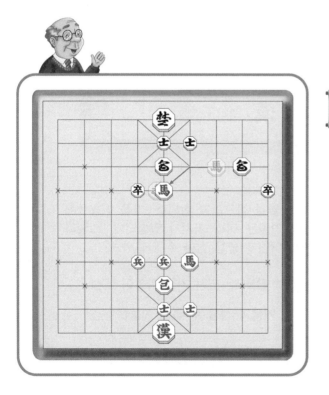

그림 2 상을 잡는 것은 의문

마를 이용해서 왼쪽에 있는 상을 잡는 것은 좋은 수가 아닙니다.

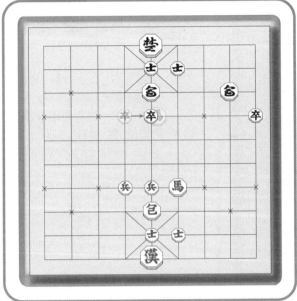

그림 3 졸에게 잡힌 마

그림 2 이후 초나라에서는 졸을 이용해서 마를 잡을 수 있습니다. 초나라의 상을 잡고 마를 희생했으므로 한나라의 손해입니다.

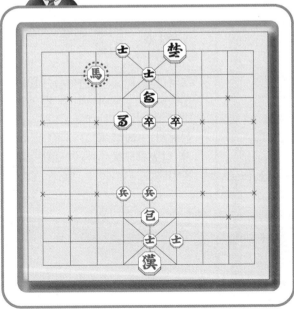

그림 4 어떤 기물을 잡을까?

한나라에서는 마를 이용해서 초나라의 기물을 잡으려고 합니다. 그렇다면 초나라의 어떤 기물을 잡는 것이 좋을까요?

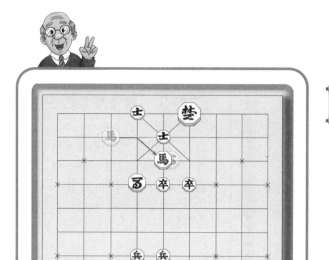

그림 5 포를 잡는 것이 정답

마를 이용해서 초나라의 포를 잡는 것이 좋은 수입니다. 이후 사에게 마가 잡히지만 한나라가 이득을 본 결과입니다.

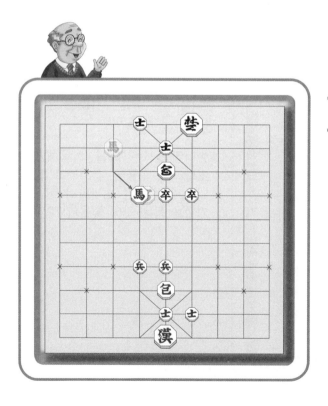

그림 6 마를 잡는 것은 의문

초나라의 마를 잡는 것은 좋은 선택이 아닙니다. 이후 졸에게 마가 잡히게 되는데 한나라 입장에서는 마를 잡고 자신의 마가 잡혔으므로 이득이 없는 교환입니다.

© 마를 이용해서 초나라의 기물을 잡으려고 합니다. 한나라에서는 초나라의 어떤 기물을 잡는 것이 좋을까요?

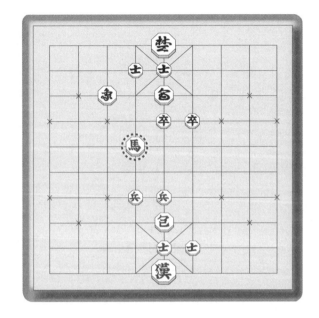

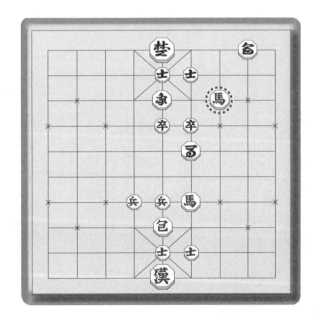

정답 1~2

 화살표 방향으로 움직여서 초나라의 기물을 잡는 것이 정답입니다.

1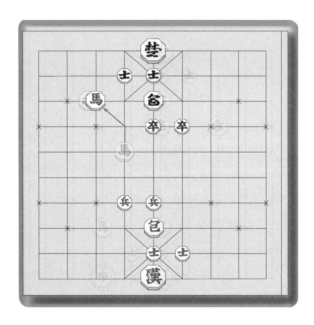

2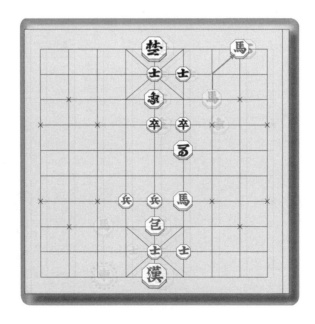

4 상을 이용해서 기물 잡기

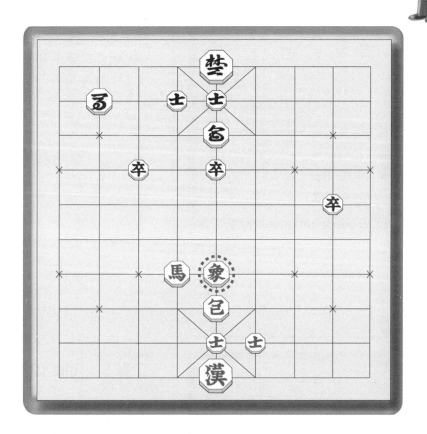

 상을 이용해서 초나라 기물을 잡으려고 합니다. 상을 이용해서 잡을 수 있는 초나라의 기물은 여러 가지가 있습니다. 그렇다면 과연 그 기물 중에서 어떤 기물을 잡을 수 있을까요?

포인트 1 상을 이용해서 잡을 수 있는 기물 파악이 우선

포인트 2 잡을 수 있는 기물과 잡을 수 없는 기물을 판단

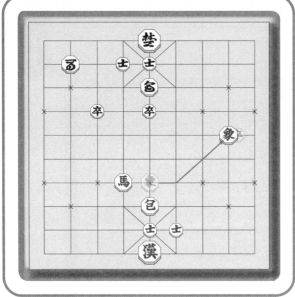

그림 1 **졸을 잡는 것이 정답**

상을 이용해서 오른쪽의 졸을 잡는 것이 좋은 수입니다. 한나라에서는 아무런 피해 없이 초나라의 졸을 잡을 수 있습니다.

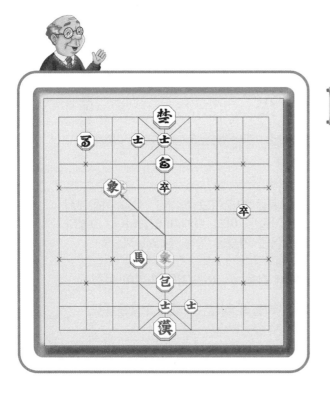

그림 2 **의문의 졸 잡기**

상을 이용해서 왼쪽에 있는 졸을 잡는 것은 좋은 수가 아닙니다.

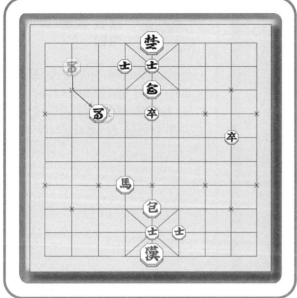

그림 3 마에게 잡힌 상

그림 2 이후 초나라에서는 마
를 이용해서 상을 잡을 수 있
습니다. 초나라의 졸을 잡고
상을 희생했으므로 한나라의
손해입니다.

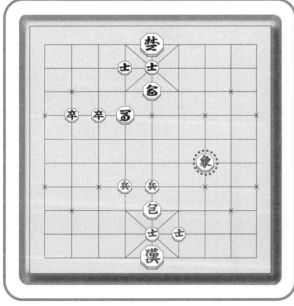

그림 4 어떤 기물을 잡
을까?

한나라에서는 상을 이용해서
초나라의 기물을 잡으려고 합
니다. 그렇다면 초나라의 어떤
기물을 잡는 것이 좋을까요?

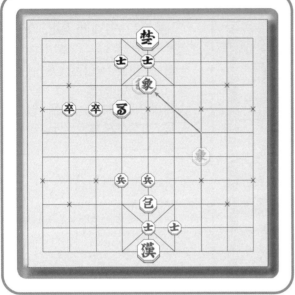

그림 5

포를 잡는 것이 정답

상을 이용해서 초나라의 포를 잡는 것이 좋은 수입니다. 이후 사에게 상이 잡히지만 한나라가 이득을 본 결과입니다.

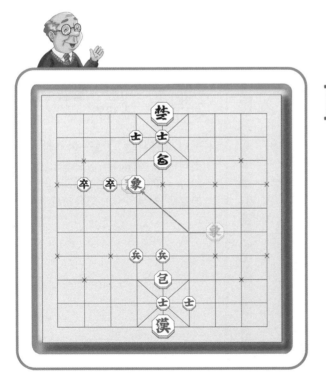

그림 6

마를 잡는 것은 미흡

초나라의 마를 잡는 것은 최선의 선택이 아닙니다. 이후 졸에게 마가 잡히게 되는데 한나라 입장에서는 포를 잡는 것이 더욱 좋은 선택입니다.

상을 이용해서 초나라의 기물을 잡으려고 합니다. 한나라에서는 초나라의 어떤 기물을 잡는 것이 좋을까요?

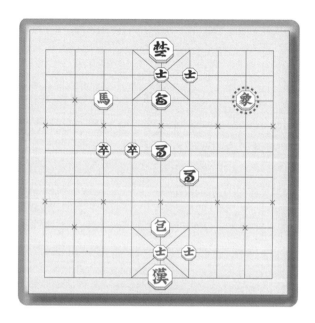

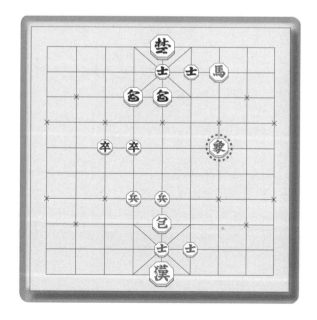

정답 1~2

→ 화살표 방향으로 움직여서 초나라의 기물을 잡는 것이 정답입니다.

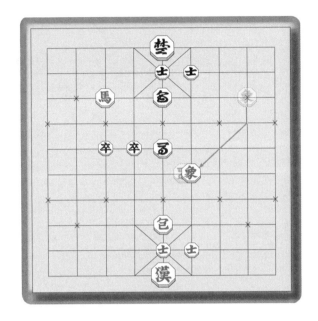

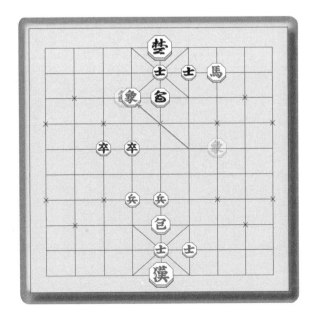

5 병과 졸을 이용해서 기물 잡기

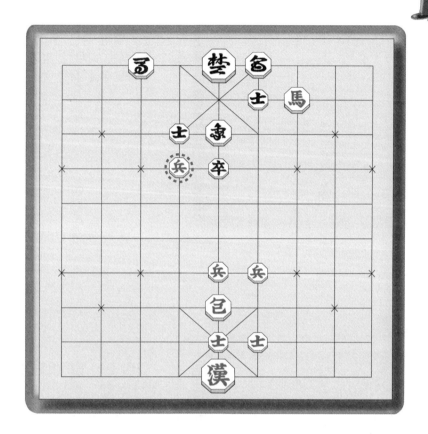

병을 이용해서 초나라 기물을 잡으려고 합니다. 병을 이용해서 잡을 수 있는 초나라의 기물은 여러 가지가 있습니다. 그렇다면 과연 그 기물 중에서 어떤 기물을 잡을 수 있을까요?

포인트 1 병을 이용해서 잡을 수 있는 기물 파악이 우선

포인트 2 더욱 더 큰 이익을 볼 수 있는 기물을 선택

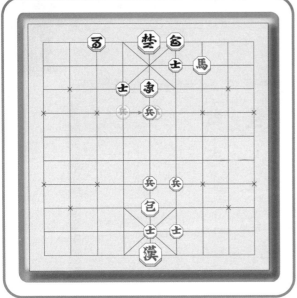

그림 1 **졸을 잡는 것이 정답**

병을 이용해서 오른쪽의 졸을 잡는 것이 좋은 수입니다. 한나라에서는 아무런 피해 없이 초나라의 졸을 잡을 수 있습니다.

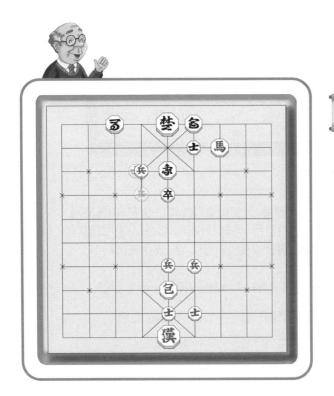

그림 2 **의문의 사 잡기**

병을 이용해서 사를 잡는 것은 좋은 수가 아닙니다.

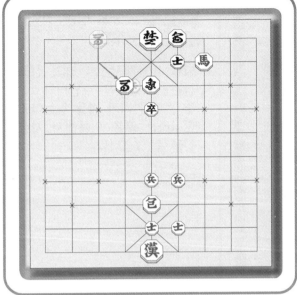

그림 3 　마에게 잡힌 병

그림 2 이후 초나라에서는 마를 이용해서 병을 잡을 수 있습니다. 초나라의 사를 잡고 병을 희생했으므로 한나라가 이득을 보긴 했지만 약간 미흡한 결과입니다.

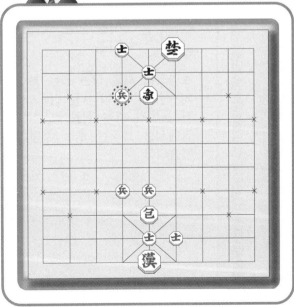

그림 4 　어떤 기물을 잡을까?

한나라에서는 병을 이용해서 초나라의 기물을 잡으려고 합니다. 그렇다면 초나라의 어떤 기물을 잡는 것이 좋을까요?

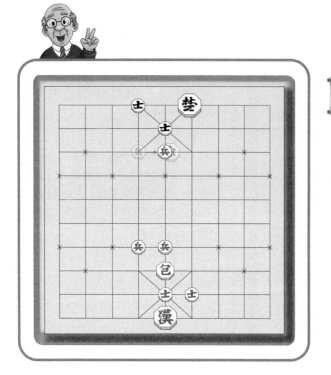

그림 5 **상을 잡는 것이 정답**

병을 이용해서 초나라의 상을 잡는 것이 좋은 수입니다. 이후 초나라 사가 병을 잡는다면 한나라는 포를 이용해서 사를 잡을 수 있습니다.

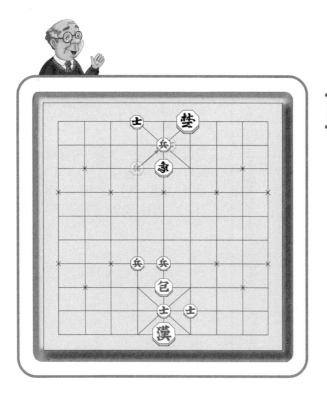

그림 6 **사를 잡는 것은 미흡**

초나라의 사를 잡는 것은 최선의 선택이 아닙니다. 이후 사가 초나라 병을 잡을 때 한나라에서는 뾰족한 후속 수단이 없습니다.

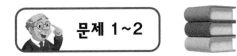

문제 1~2

병을 이용해서 초나라의 기물을 잡으려고 합니다. 한나라에서는 초나라의 어떤 기물을 잡는 것이 좋을까요?

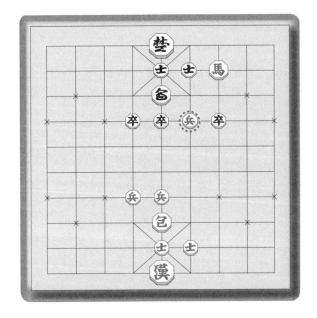

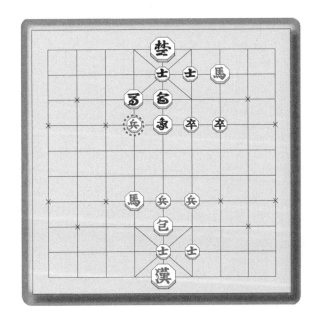

정답 1~2

화살표 방향으로 움직여서 초나라의 기물을 잡는 것이 정답입니다.

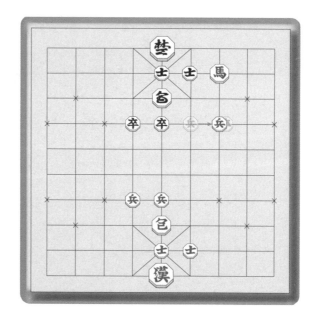

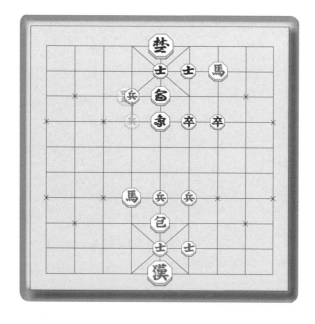

제3장

잡힐 위기에 놓인 기물 찾아서 살리기

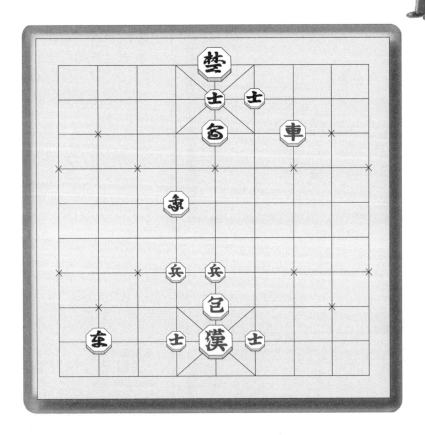

 장기를 잘 두기 위해서는 상대편 기물에 대한 공격도 중요하지만 수비도 이에 못지 않게 중요합니다. 상대편 기물을 공격하기에 앞서 자신의 기물이 잡힐 위기에 놓여 있는지 파악하는 것이 중요합니다. 장면도와 같은 형태에서 한나라는 어떻게 두어야 할까요?

포인트 1 공격 만큼 중요한 수비

포인트 2 위기에 처한 기물이 있는지 파악하는 것이 중요

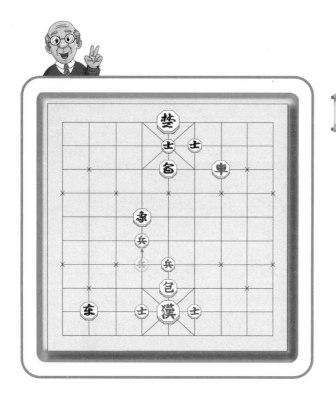

그림 1 의문의 공격

공격에만 너무 몰두한 나머지 병을 올려서 상을 공격하는 것은 큰 실수입니다.

그림 2   차가 잡힘

그림 1 이후 초나라에서는 상을 움직여서 한나라 차를 잡을 수 있습니다. 이렇게 되면 한나라는 치명적인 피해를 입게 됩니다.

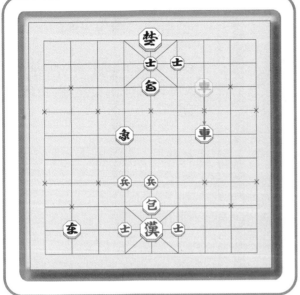

그림 3 ‖ 차의 이동

장면도 이후 한나라에서는 차를 이동시키는 것이 시급합니다. 차를 이동시키면서 자연스럽게 상을 공격하는 것이 좋은 행마입니다.

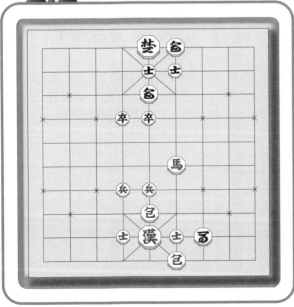

그림 4 ‖ 잡힐 위기에 놓인 기물 찾기

한나라의 차례인데 어떻게 두는 것이 최선일까요?

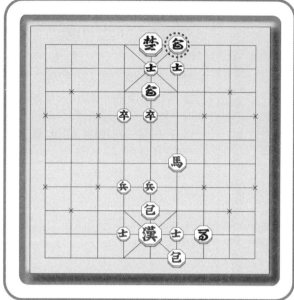

그림 5　상황 파악

현재 초나라 포가 한나라 마를 노리고 있다는 것을 알 수 있습니다.

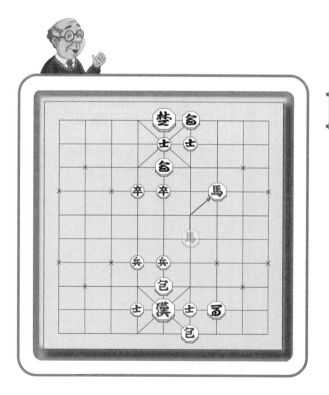

그림 6　좋은 행마

한나라는 잡힐 위기에 놓인 마를 피하면서 초나라 포를 노리는 것이 좋은 선택입니다.

 한나라의 차례인데 어떻게 두는 것이 최선일까요?

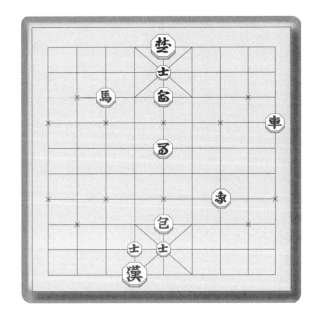

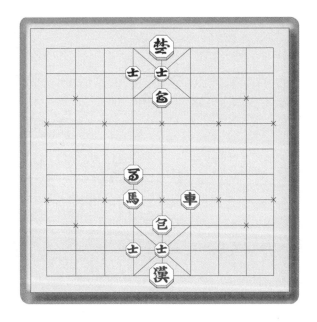

 화살표 방향으로 이동시켜서 기물을 살리는 것이 정답입니다.

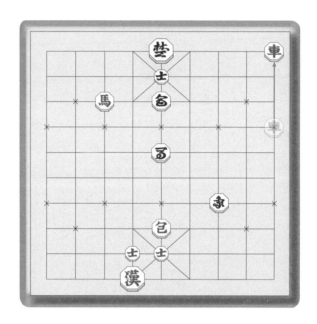

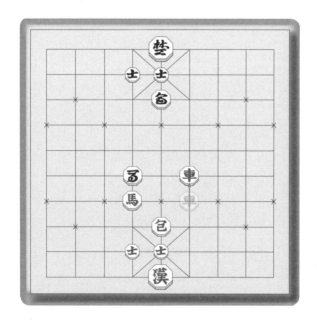

C 한나라의 차례인데 어떻게 두는 것이 최선일까요?

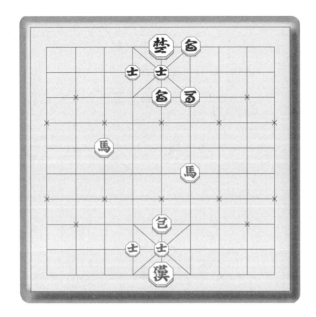

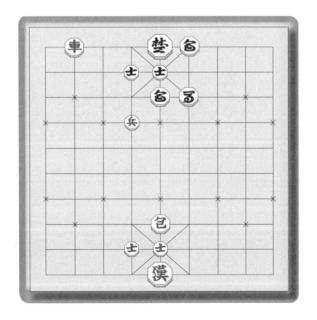

정답 3~4

 화살표 방향으로 이동시켜서 기물을 살리는 것이 정답입니다.

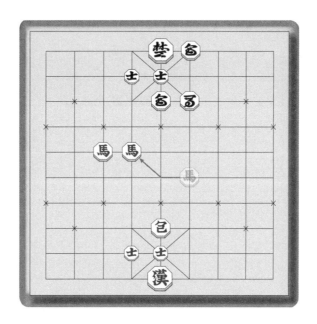

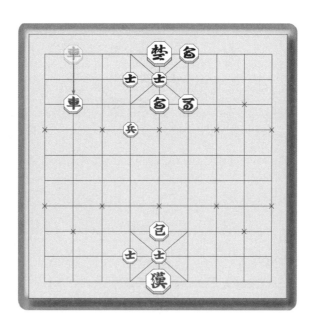

 문제 5~6

한나라의 차례인데 어떻게 두는 것이 최선일까요?

 5

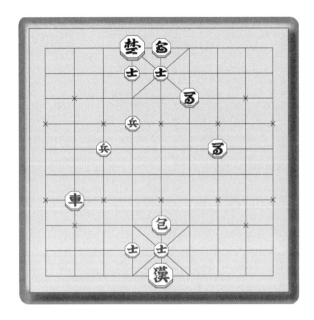

 6

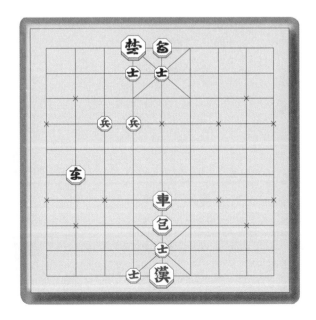

 화살표 방향으로 이동시켜서 기물을 살리는 것이 정답입니다.

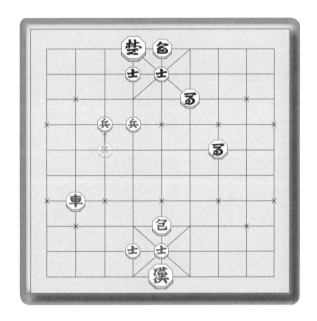

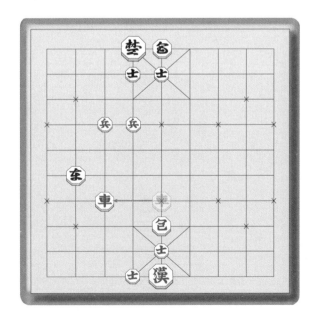

↻ 한나라의 차례인데 어떻게 두는 것이 최선일까요?

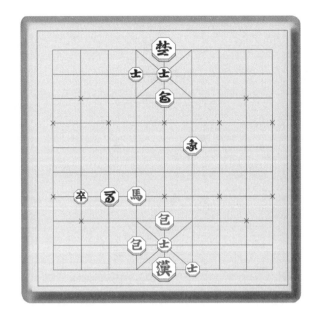

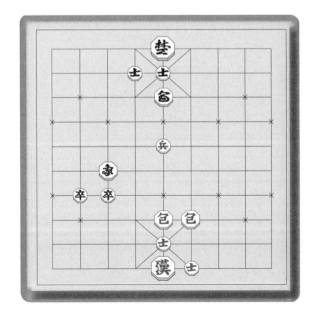

정답 7~8

 화살표 방향으로 이동시켜서 기물을 살리는 것이 정답입니다.

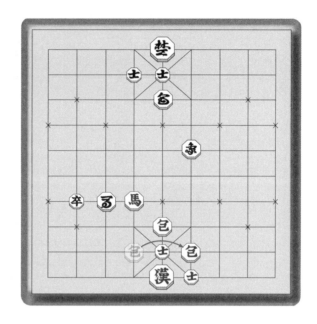

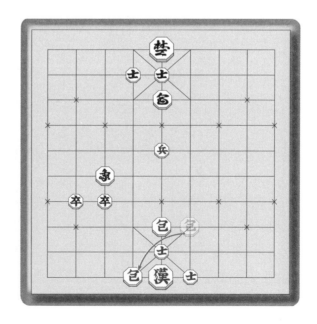

문제 9~10

C 한나라의 차례인데 어떻게 두는 것이 최선일까요?

 9

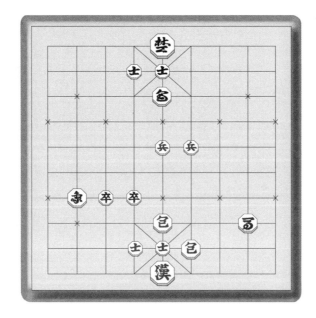

10

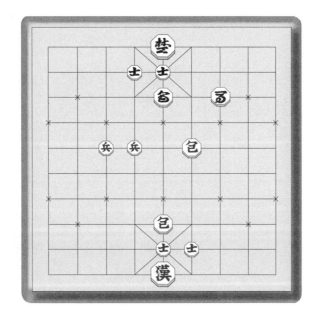

화살표 방향으로 이동시켜서 기물을 살리는 것이 정답입니다.

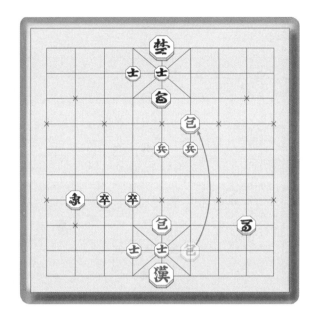

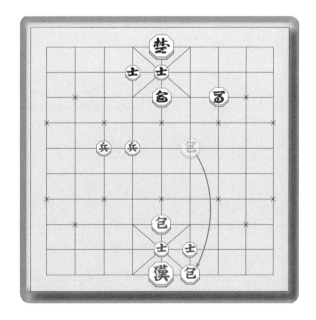

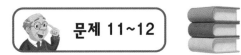

한나라의 차례인데 어떻게 두는 것이 최선일까요?

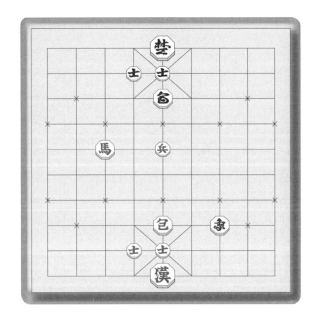

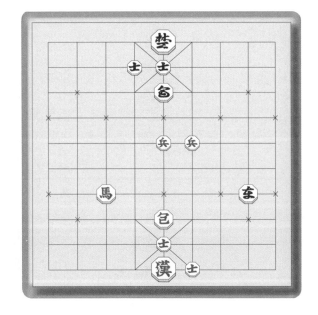

정답 11~12

 화살표 방향으로 이동시켜서 기물을 살리는 것이 정답입니다.

11

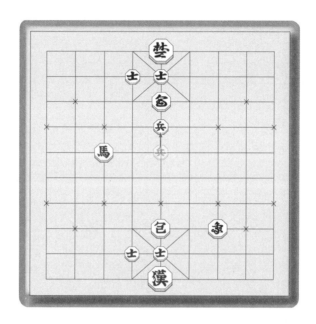

12

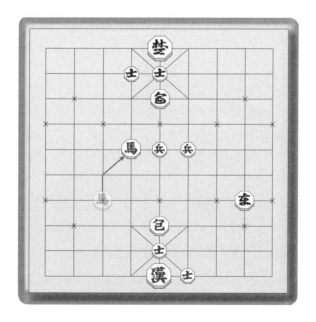

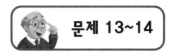

문제 13~14

한나라의 차례인데 어떻게 두는 것이 최선일까요?

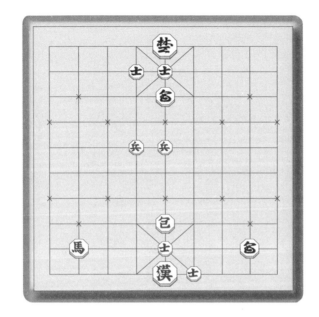

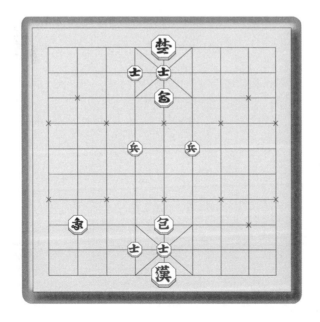

 화살표 방향으로 이동시켜서 기물을 살리는 것이 정답입니다.

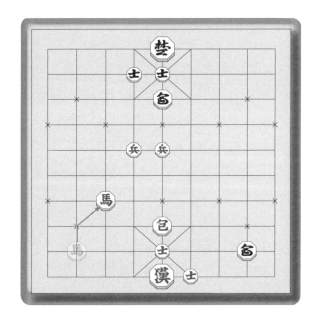

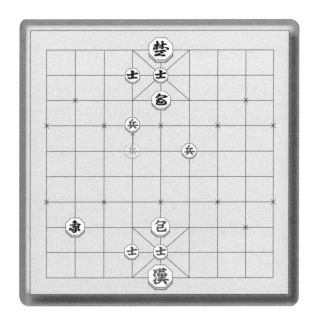

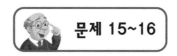 문제 15~16

한나라의 차례인데 어떻게 두는 것이 최선일까요?

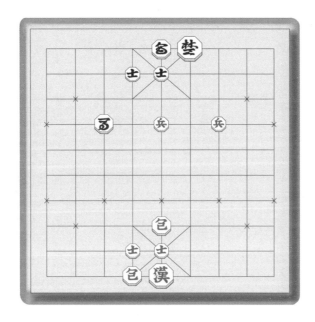

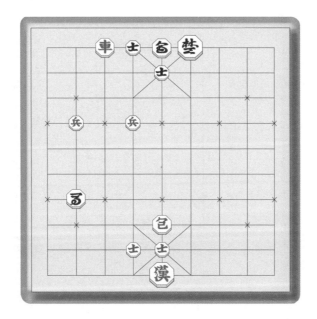

정답 15~16

 화살표 방향으로 이동시켜서 기물을 살리는 것이 정답입니다.

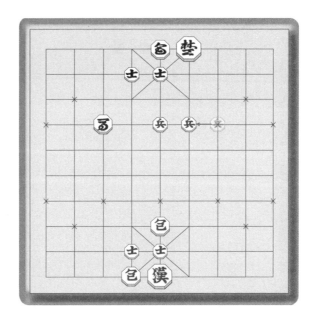

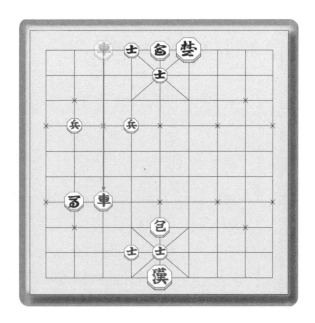

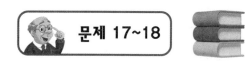

문제 17~18

한나라의 차례인데 어떻게 두는 것이 최선일까요?

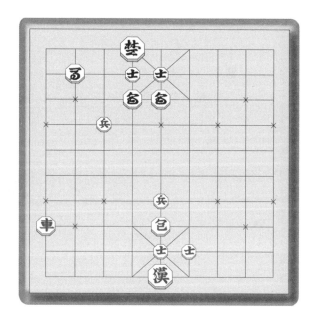

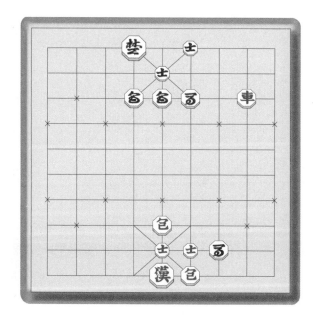

 화살표 방향으로 이동시켜서 기물을 살리는 것이 정답입니다.

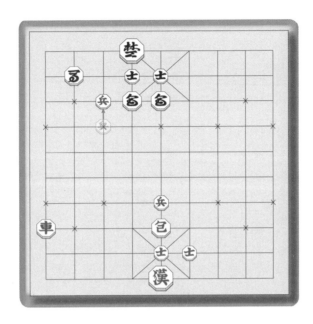

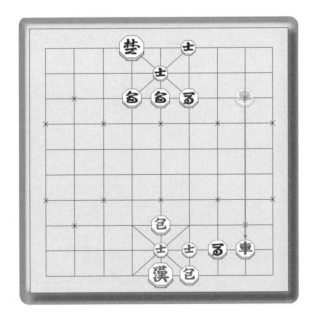

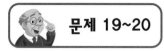

한나라의 차례인데 어떻게 두는 것이 최선일까요?

 19

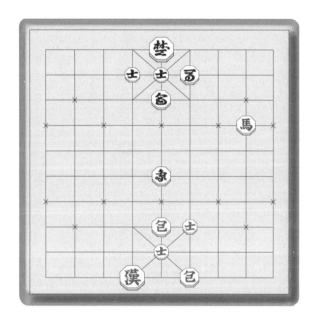

 20

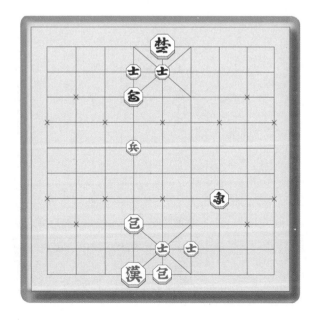

 화살표 방향으로 이동시켜서 기물을 살리는 것이 정답입니다.

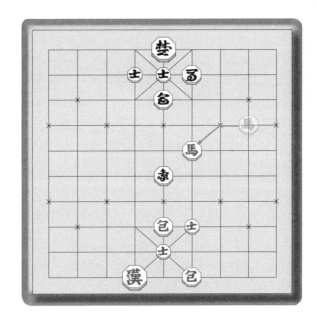

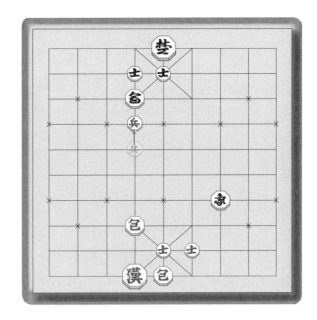

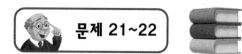

문제 21~22

한나라의 차례인데 어떻게 두는 것이 최선일까요?

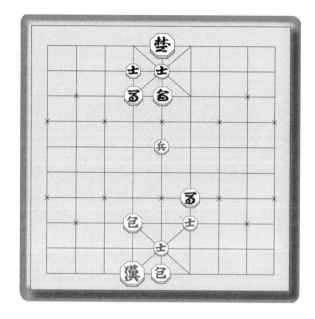

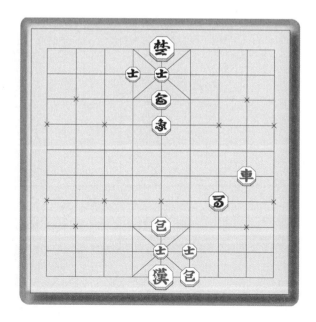

 화살표 방향으로 이동시켜서 기물을 살리는 것이 정답입니다.

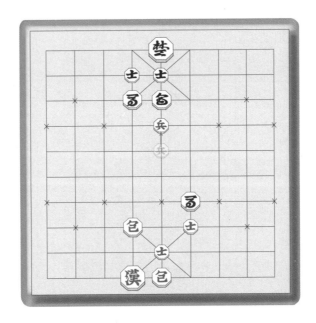

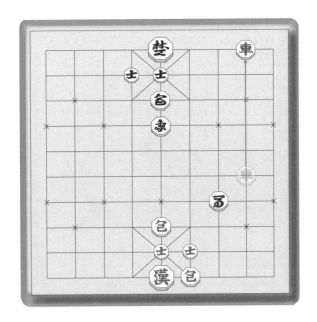

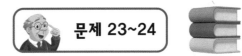

한나라의 차례인데 어떻게 두는 것이 최선일까요?

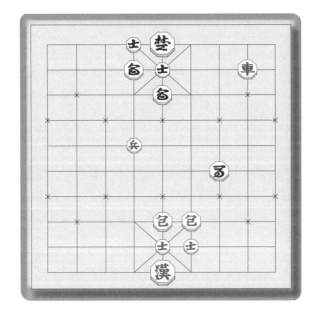

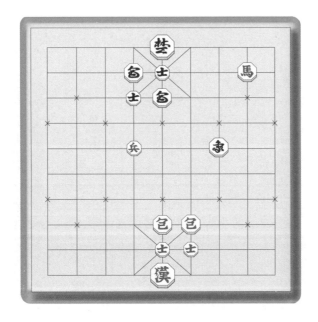

화살표 방향으로 이동시켜서 기물을 살리는 것이 정답입니다.

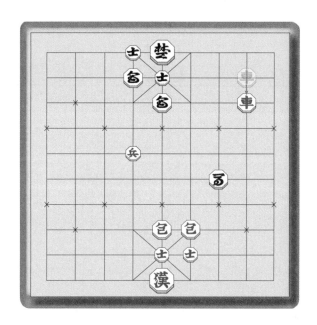

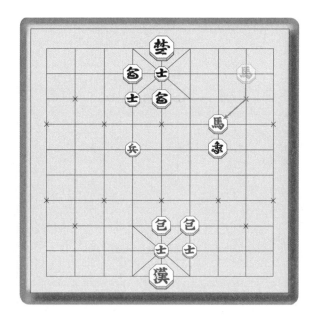

문제 25~26

 한나라의 차례인데 어떻게 두는 것이 최선일까요?

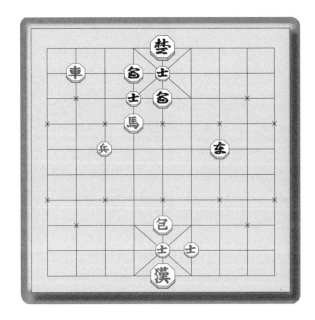

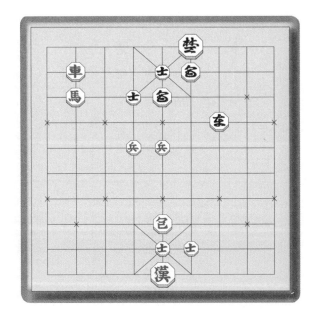

정답 25~26

→ 화살표 방향으로 이동시켜서 기물을 살리는 것이 정답입니다.

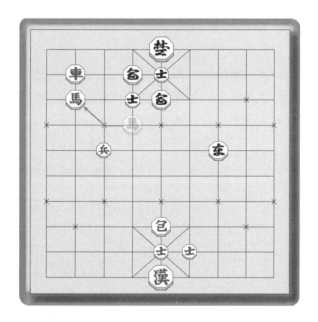

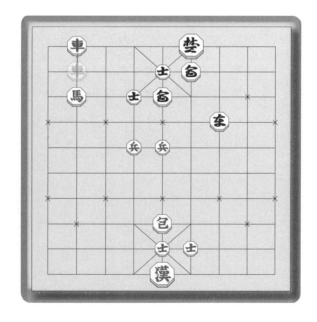

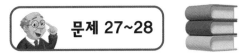

한나라의 차례인데 어떻게 두는 것이 최선일까요?

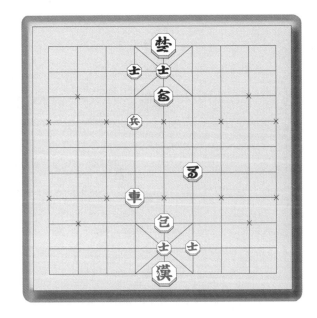

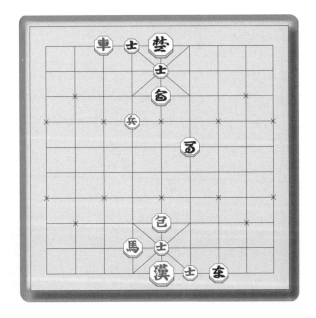

정답 27~28

→ 화살표 방향으로 이동시켜서 기물을 살리는 것이 정답입니다.

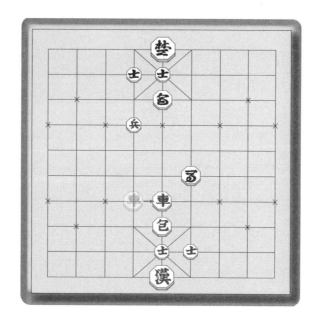

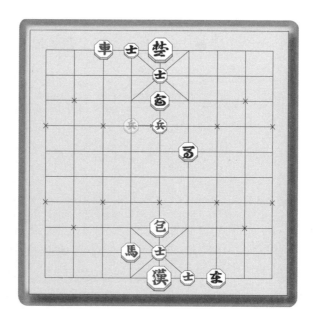

제4장

초반 포진 올바른
길 찾기

핵심주제

1 초반전의 중요한 포진법

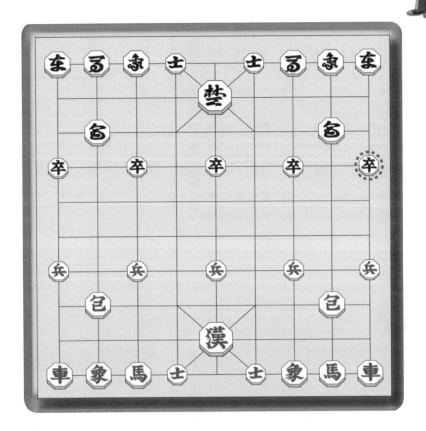

 장기는 초반전에 어떻게 국면을 풀어나가느냐에 따라 형세의 유불리가 결정될 정도로 초반 포진법이 매우 중요한 게임입니다. 초반전에는 각각의 기물의 특징에 맞게 포진법을 운용하는 것이 중요합니다. 그렇다면 선수를 쥐고 있는 초나라에서 우선적으로 어떻게 졸을 움직이는 것이 좋은지 살펴 보도록 하겠습니다.

포인트 1 초반 포진법이 특히 중요한 장기 게임

포인트 2 각각의 기물의 특징에 맞게 포진법을 운용하는 것이 중요

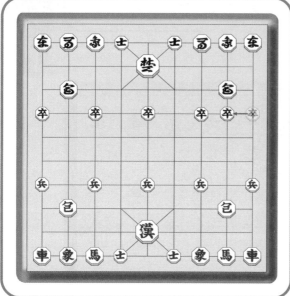

그림 1 **졸을 옆으로 이동**

첫수로 졸을 옆으로 이동시키는 것이 좋은 수 중의 하나입니다. 그렇다면 이렇게 옆으로 이동시키는 이유는 무엇일까요?

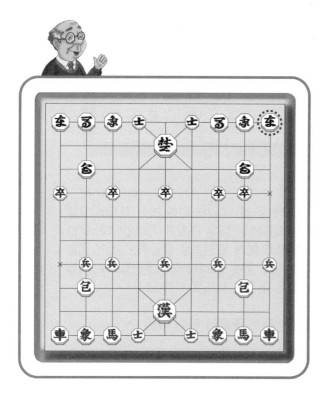

그림 2 **차의 길을 열다**

장기의 기물 중에서 차의 전투력이 제일 강합니다. 그림 1에서 졸이 옆으로 움직인 것은 전투력이 강한 차의 앞길을 열고 있다는 측면에서 매우 중요한 의미가 있습니다.

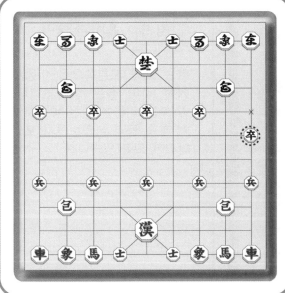

그림 3   잘못된 행마

졸을 앞으로 이동시키는 것은 좋은 행마가 아닙니다. 이렇게 졸을 앞으로 이동시키면 자신이 위기에 노출될 뿐 아니라 차의 앞길도 여전히 막혀 있는 모습입니다.

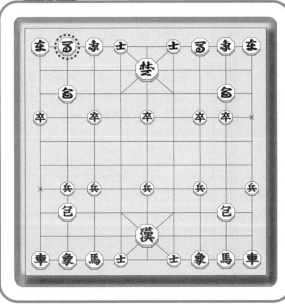

그림 4   마를 움직이는 방법

이번에는 마를 움직이는 요령에 대해서 살펴 보도록 하겠습니다.

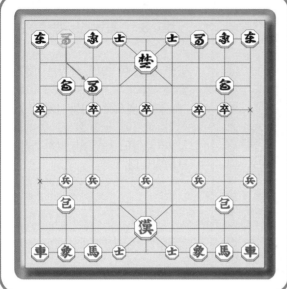

그림 5 　올바른 행마

마는 포의 오른쪽으로 이동시
키는 것이 좋은 행마입니다.
이 수는 기물을 전진 배치시켜
서 후속 공격을 엿보면서 포의
다리가 되고 있습니다.

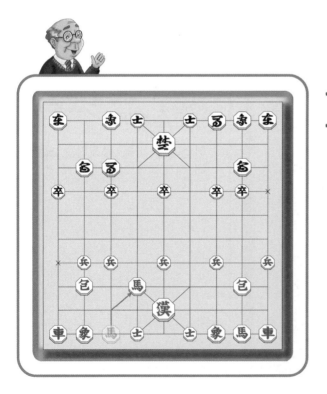

그림 6 　같은 의도

한나라에서 마를 앞으로 이동
시킨 것도 그림 5와 같은 의도
로서 좋은 행마입니다.

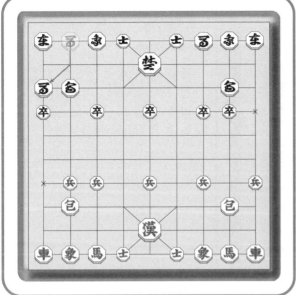

그림 7 **잘못된 이동**

그림 5 이후 화살표 방향으로 마를 움직이는 것은 좋지 않습니다. 마가 차의 앞길을 막고 있을 뿐 아니라 포의 다리도 되지 못하기 때문입니다.

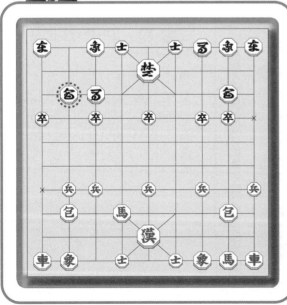

그림 8 **포를 움직이는 방법**

이번에는 포를 움직이는 요령에 대해서 살펴 보도록 하겠습니다.

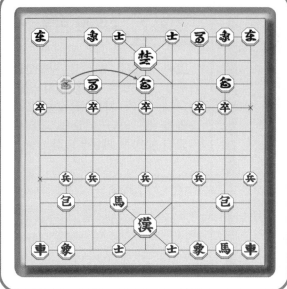

그림 9 면포

포를 궁의 바로 앞으로 이동시킨 모습입니다. 이와 같은 자리에 포를 포진시키는 것을 가리켜 면포라고 부릅니다.

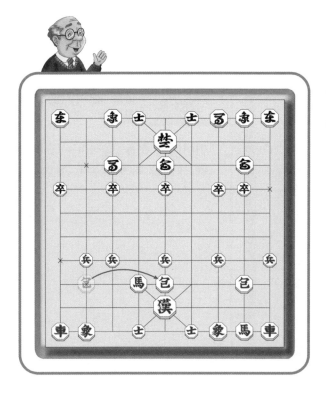

그림 10 한나라의 면포

한나라에서도 포를 넘겨서 면포 포진을 시도한 모습입니다. 실전에서 가장 많이 등장하는 포진 중의 하나라고 할 수 있습니다.

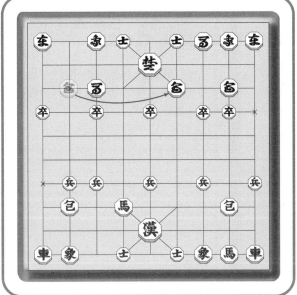

그림 11   의문의 이동

초나라에서 면포를 시도하지 않고 한칸 더 오른쪽으로 이동시키는 것은 좋은 선택이 아닙니다.

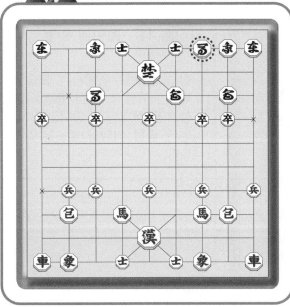

그림 12   나쁜 영향

그림 11에서 포의 위치가 나쁜 이유는 마의 움직임에 나쁜 영향을 미치고 있기 때문입니다.

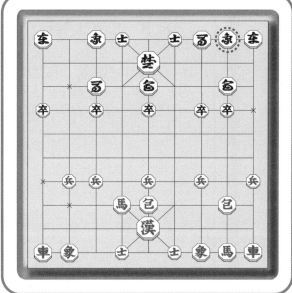

그림 13 상을 움직이는 방법

이번에는 상을 움직이는 요령에 대해서 살펴 보도록 하겠습니다.

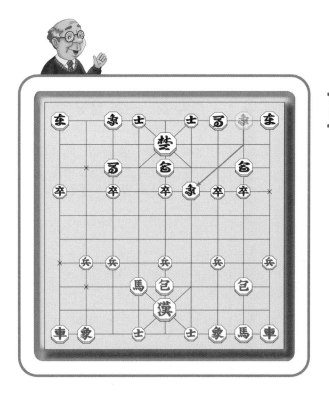

그림 14 올바른 이동

상을 앞으로 이동시킨 모습입니다. 이렇게 전진 배치시켜 놓으면 상대방의 방어망을 뚫는데 좋은 역할을 할 수 있습니다.

초나라에서 기물을 움직인 모습입니다. 한나라에서는 어떻게 대응하는 것이 좋을까요?

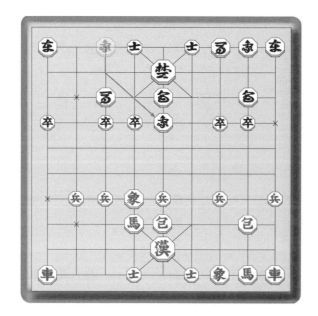

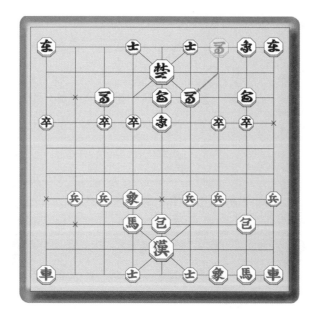

정답 1~2

 화살표 방향으로 기물을 움직이는 것이 좋은 수입니다.

①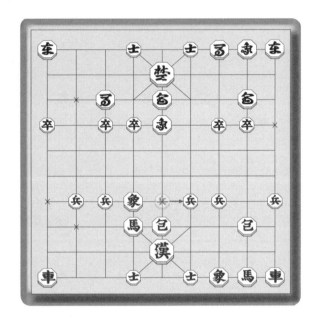

②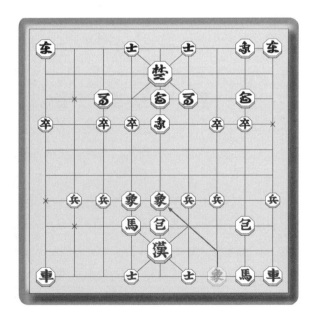

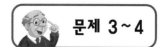

동그라미로 표시한 기물을 움직이려고 합니다. 어느 곳이 가장 적당할 곳일
까요?

화살표 방향으로 기물을 움직이는 것이 좋은 수입니다.

문제 5 ~ 6

동그라미로 표시한 기물을 움직이려고 합니다. 어느 곳이 가장 적당할 곳일까요?

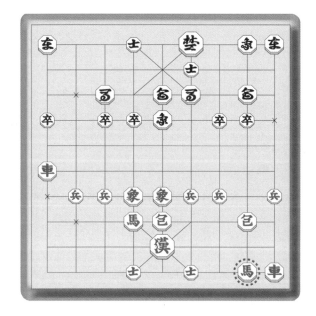

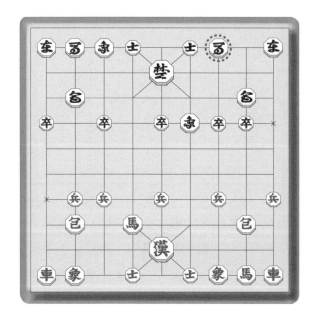

화살표 방향으로 기물을 움직이는 것이 좋은 수입니다.

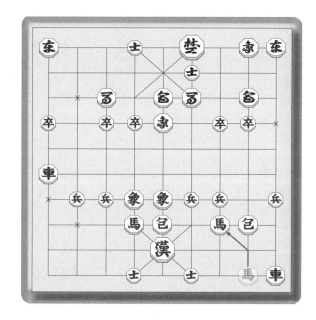

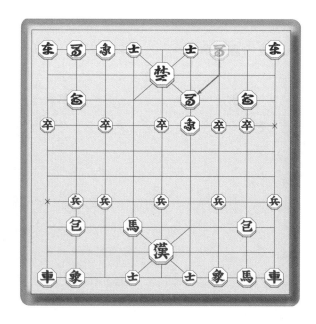

 동그라미로 표시한 기물과 관련해서 각각 어떻게 움직이는 것이 적당할까요?

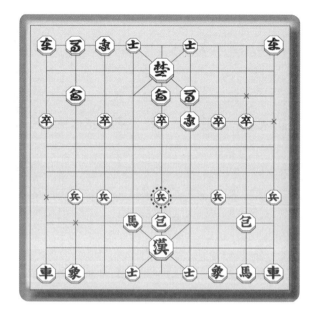

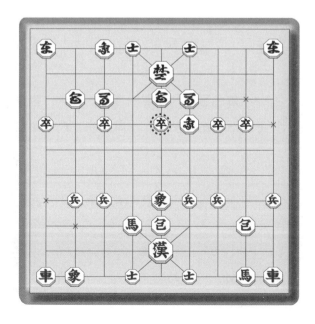

정답 7~8

→ 화살표 방향으로 기물을 움직이는 것이 좋은 수입니다.

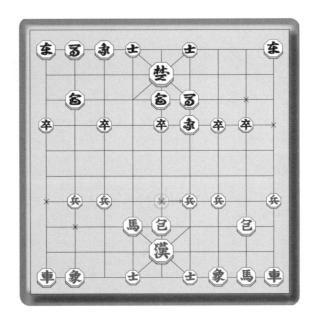

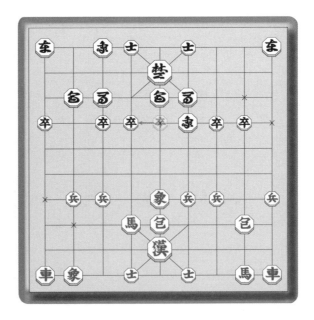

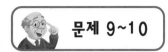

 동그라미로 표시한 기물을 움직이려고 합니다. 어느 곳이 가장 적당할 곳일까요?

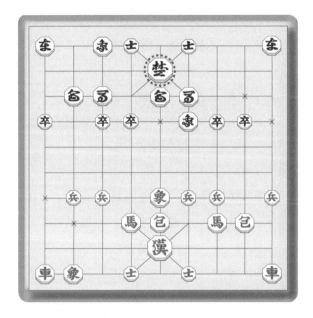

화살표 방향으로 기물을 움직이는 것이 좋은 수입니다.

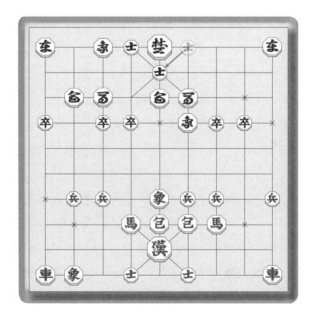

ⓒ 동그라미로 표시한 기물을 움직이려고 합니다. 어느 곳이 가장 적당할 곳일까요?

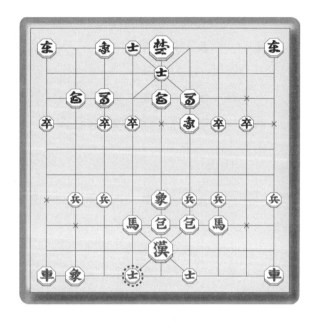

→ 화살표 방향으로 기물을 움직이는 것이 좋은 수입니다.

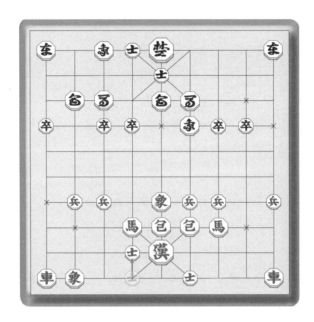

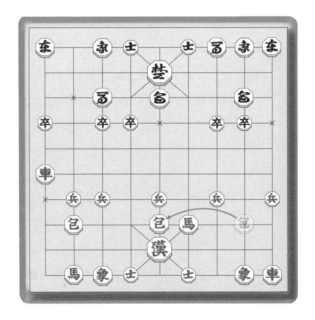

제 5 장

기본 공격 전술

1 양걸이를 활용한 공격

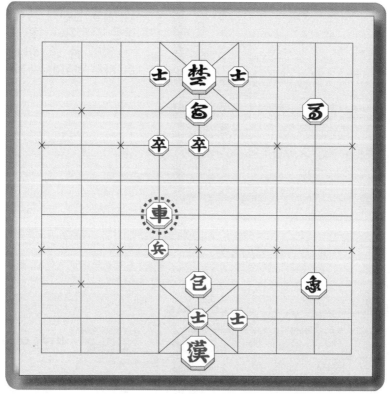

상대편 기물을 공격해서 잡는 방법 중 양걸이를 활용하는 공격은 아주 유용한 공격 기술 중 하나입니다. 양걸이 공격은 한번에 상대편 기물 2개를 동시에 공격하는 기술이므로 공격의 효과가 아주 좋습니다. 한나라에서는 차를 이용해서 공격을 하고 싶은데 어떤 수단이 있을까요?

포인트 1 양걸이 공격은 상대편 기물을 잡는 가장 대표적인 공격 방법

포인트 2 양걸이 공격은 한번에 상대편 기물 2개를 동시에 공격하는 기술

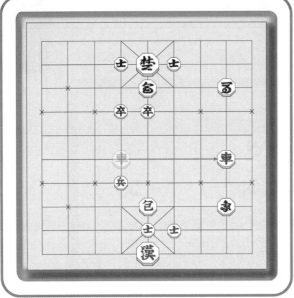

그림 1 차를 이용한 양 걸이 공격

차를 이동시켜서 초나라의 마와 상을 동시에 공격하는 것이 좋은 수입니다. 초나라는 어쩔 수 없이 둘 중 하나를 포기해야 하는 상황이 되었습니다.

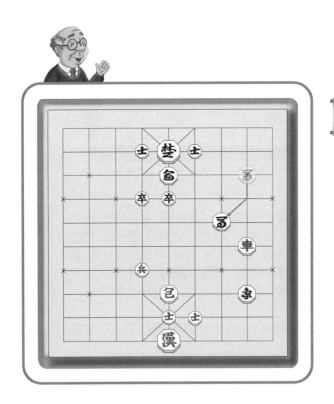

그림 2 마의 이동

그림 1 이후 초나라에서는 상에 비해 가치가 더 큰 마를 이동시켜서 피한 모습입니다.

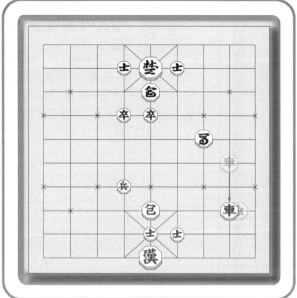

그림 3 　상을 잡은 전과

그림 2 이후 한나라에서는 차를 이용해서 상을 취할 수 있으므로 상당한 전과를 거두었습니다.

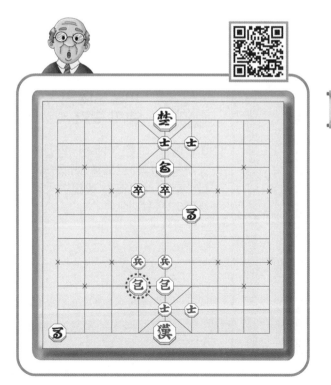

그림 4 　포를 이용한 양걸이 공격

이번엔 포를 이용한 양걸이 공격을 살펴 보도록 하겠습니다. 한나라에게는 어떤 공격 수단이 있을까요?

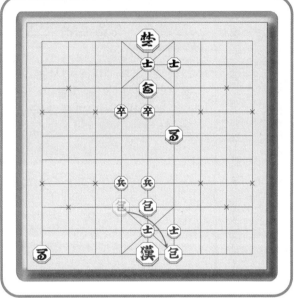

그림 5 **양걸이 공격의 급소**

그림 4 이후 포를 오른쪽으로 넘기면 초나라의 마를 동시에 공격할 수 있는 양걸이 공격이 가능합니다.

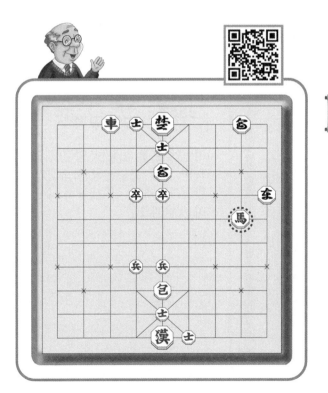

그림 6 **마를 이용한 양걸이 공격**

이번에는 마를 이용한 양걸이 공격을 살펴 보도록 하겠습니다. 한나라에게는 어떤 공격 수단이 있을까요?

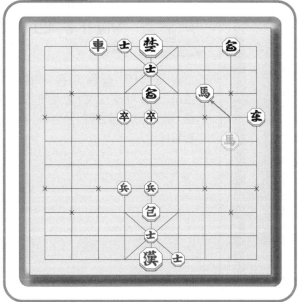

그림 7 **양걸이 공격의 급소**

그림 6 이후 마를 이동시키면 초나라의 차와 포를 동시에 노릴 수 있는 양걸이 공격이 가능합니다.

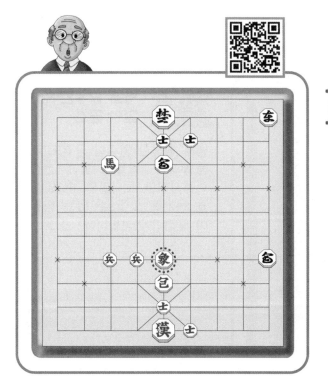

그림 8 **상을 이용한 양 걸이 공격**

이번에는 상을 이용한 양걸이 공격을 살펴 보도록 하겠습니다. 한나라에게는 어떤 공격 수단이 있을까요?

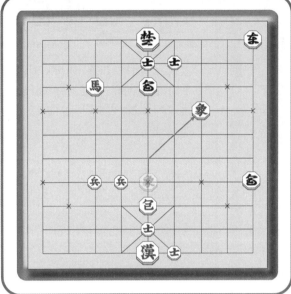

그림 9

양걸이 공격의 급소

그림 8 이후 상을 이동시키면 초나라의 차와 포를 동시에 노릴 수 있는 양걸이 공격이 가능합니다.

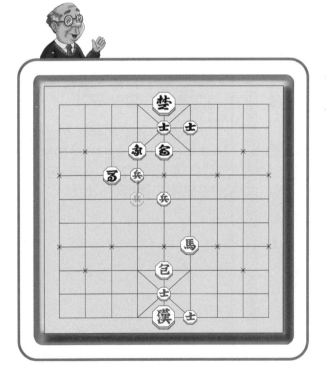

그림 10

병을 활용한 양걸이 급소

병을 활용한 양걸이 공격도 가능합니다. 병을 이렇게 전진 이동시키면 초나라의 마와 상을 동시에 노릴 수 있는 양걸이 공격이 가능합니다.

한나라에서 차를 활용하는 양걸이 공격 방법은 무엇일까요?

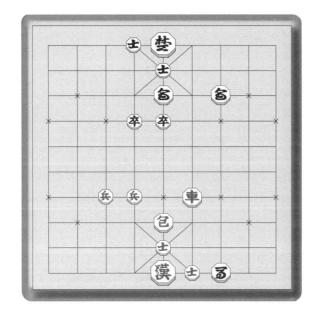

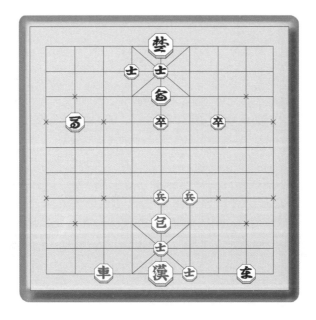

➡️ 화살표 방향으로 차를 이동시키면 양걸이 공격이 가능합니다.

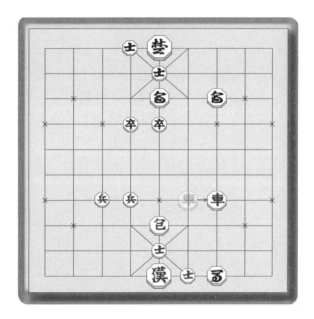

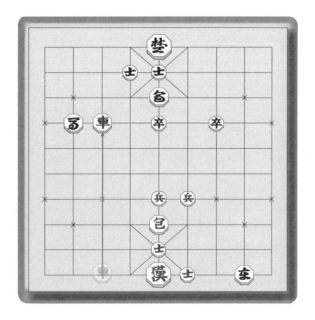

 문제 3~4

차를 활용하는 양걸이 공격 방법은 무엇일까요?

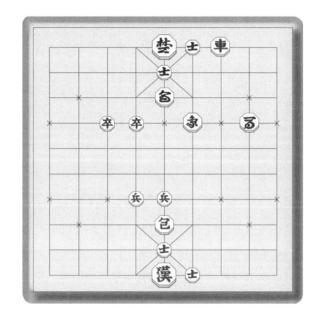

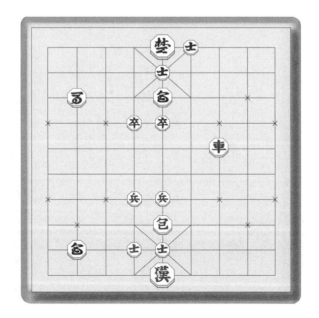

정답 3~4

➡️ 화살표 방향으로 차를 이동시키면 양걸이 공격이 가능합니다.

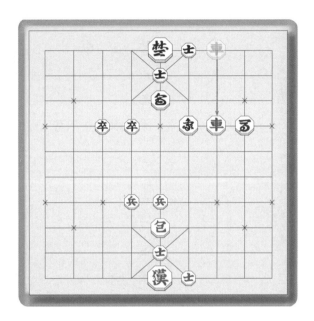

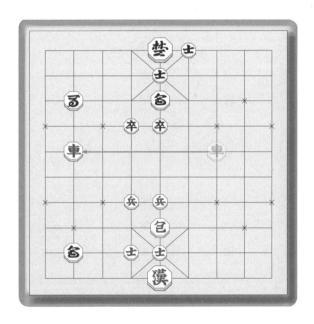

 포를 활용하는 양걸이 공격 방법은 무엇일까요?

5

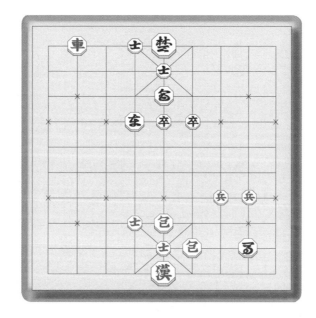

6

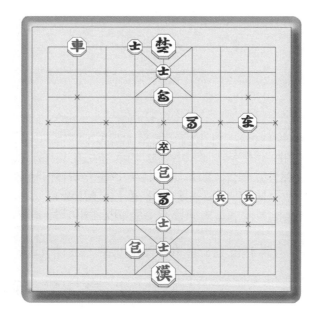

정답 5~6

 화살표 방향으로 포를 이동시키면 양걸이 공격이 가능합니다.

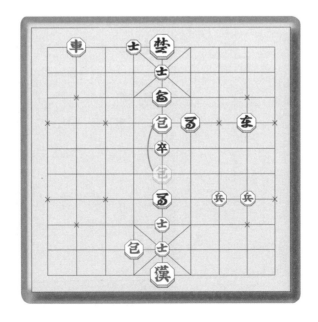

 한나라에서 포를 활용하는 양걸이 공격 방법은 무엇일까요?

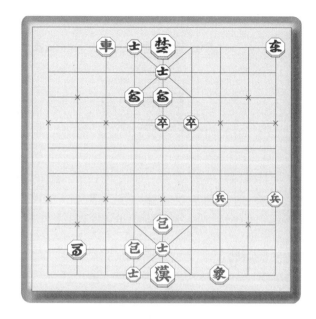

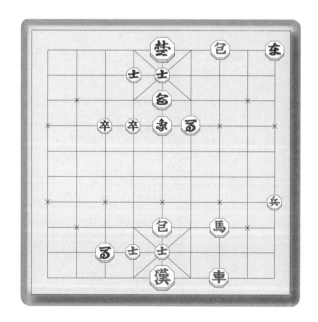

정답 7~8

 화살표 방향으로 포를 이동시키면 양걸이 공격이 가능합니다.

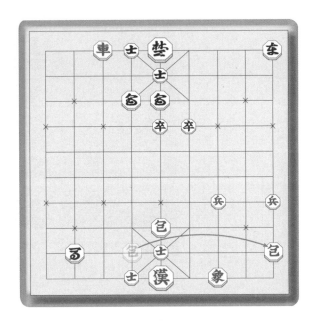

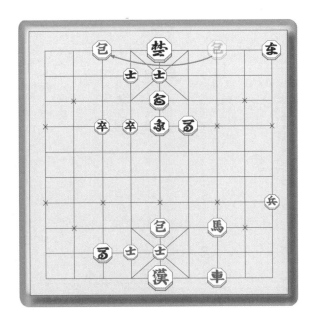

문제 9~10

한나라에서 마를 활용하는 양걸이 공격 방법은 무엇일까요?

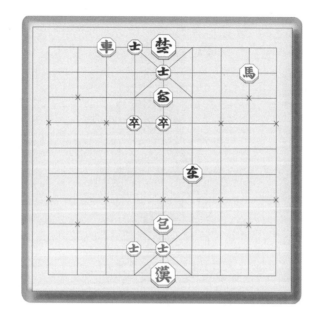

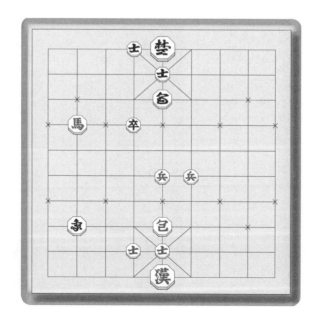

➡ 화살표 방향으로 마를 이동시키면 양걸이 공격이 가능합니다.

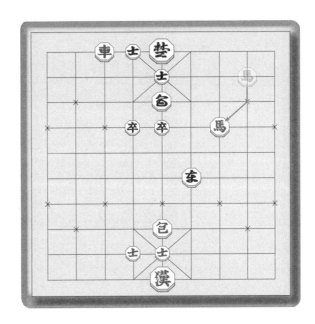

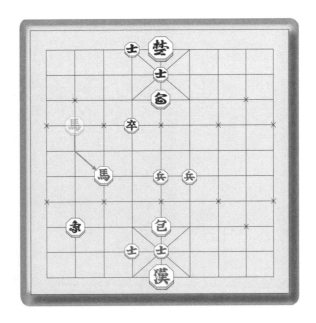

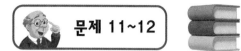

한나라에서 마를 활용하는 양걸이 공격 방법은 무엇일까요?

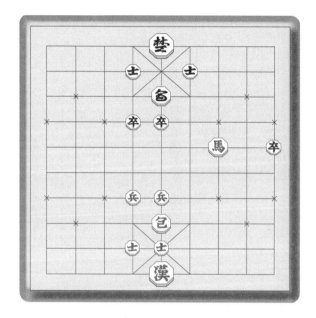

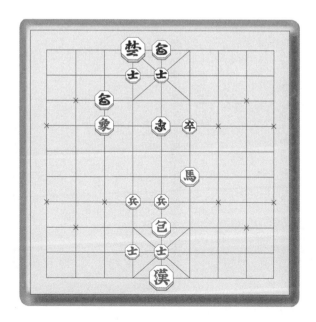

정답 11~12

→ 화살표 방향으로 마를 이동시키면 양걸이 공격이 가능합니다.

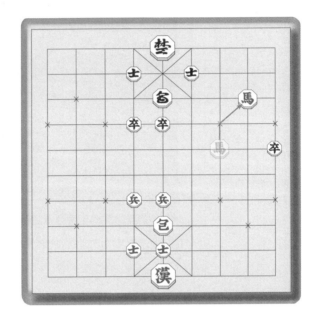

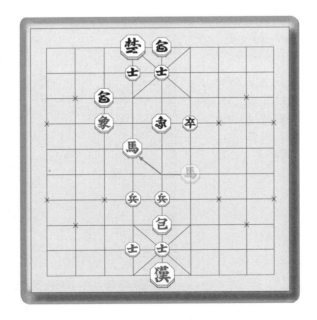

 한나라에서 상을 활용하는 양걸이 공격 방법은 무엇일까요?

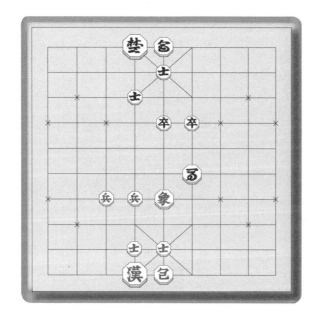

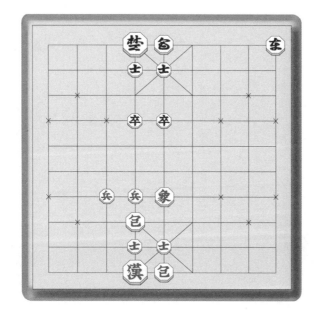

정답 13~14

  화살표 방향으로 상을 이동시키면 양걸이 공격이 가능합니다.

13

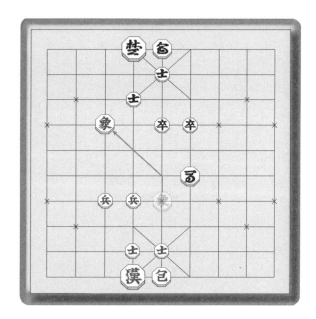

14

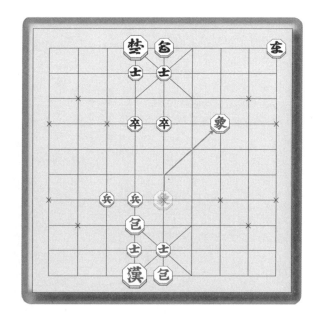

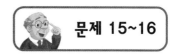 문제 15~16

한나라에서 상을 활용하는 양걸이 공격 방법은 무엇일까요?

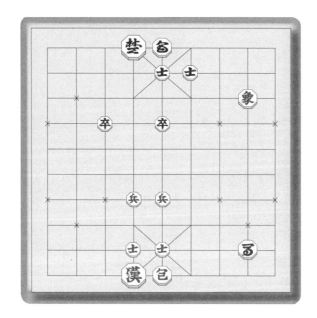

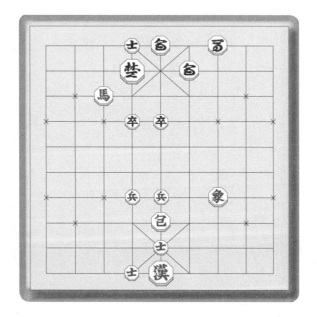

정답 15~16

 화살표 방향으로 상을 이동시키면 양걸이 공격이 가능합니다.

15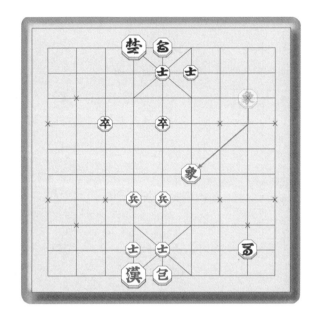

16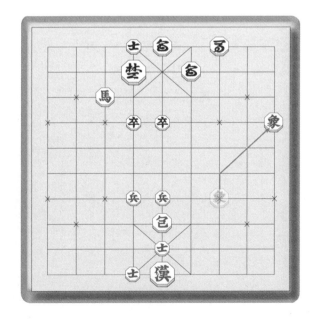

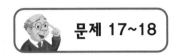 문제 17~18

한나라에서 병을 활용하는 양걸이 공격 방법은 무엇일까요?

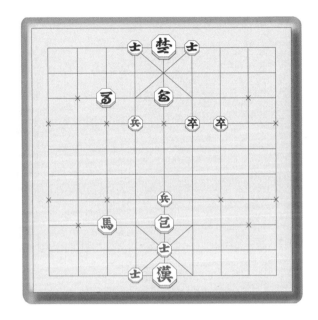

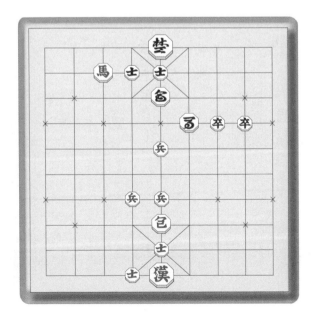

 화살표 방향으로 병을 이동시키면 양걸이 공격이 가능합니다.

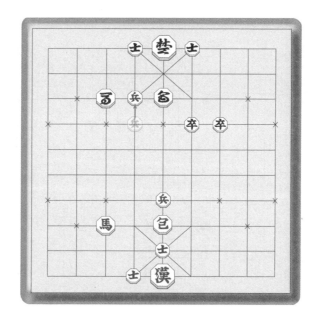

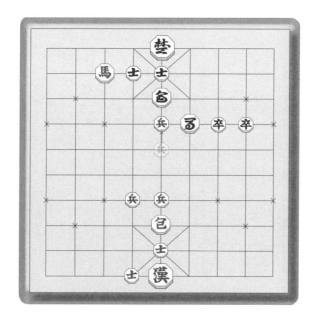

2 지킴수 공격하기

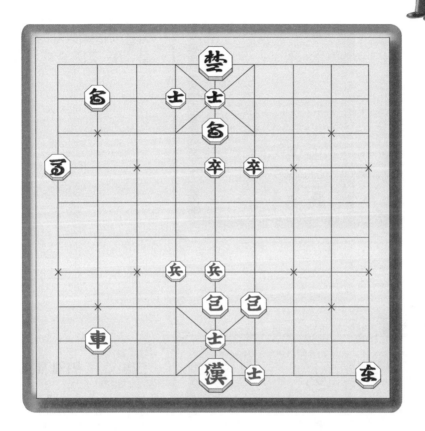

공격의 효과를 극대화 시키기 위해서는 어떤 기물을 공격할 것인지 목표물을 정확하게 파악하는 것이 중요합니다. 그런 의미에서 상대편 기물을 공격할 때 자기편의 기물을 보호하고 있는 기물을 공격하는 것은 좋은 작전이 됩니다. 한나라에서는 차를 이용해서 이득을 보려고 합니다. 그렇다면 어떤 방법이 가장 좋은 작전일까요?

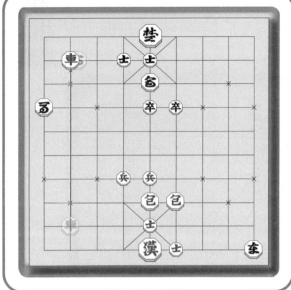

그림 1 　 의문의 잡기

장면도의 진행에서 그림 1처럼 차를 이동시켜서 초나라의 포를 잡는 것은 좋지 않습니다.

그림 2 　 마에게 잡힘

그림 1 이후 초나라는 마를 이용해서 한나라 차를 잡을 수 있습니다. 결국 초나라 마가 지켜주고 있는 상황에서 포를 취하는 것은 성립하지 않는 수입니다.

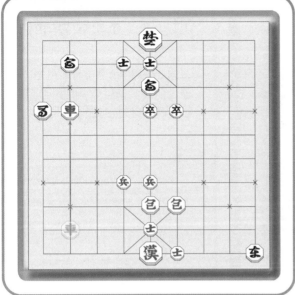

그림 3   좋은 공격

차를 이동시켜서 포를 지키고 있는 마를 공격하는 것이 좋은 작전입니다. 이후 초나라 마가 피하면 안심하고 초나라 포를 취할 수 있습니다.

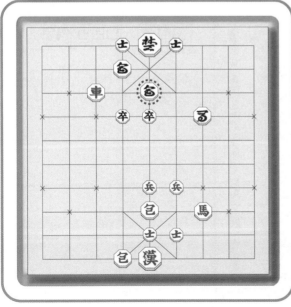

그림 4   공격 목표

한나라에서는 차를 이용해서 면포를 공격하려고 합니다. 하지만 초나라 마가 지키고 있는 상황에서는 곧바로 잡는 것이 불가능합니다.

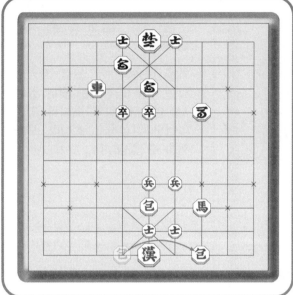

그림 5   **지킴수 공격하기**

그림 4 이후 한나라에서는 포를 넘겨서 초나라 마를 공격하는 것이 좋은 작전입니다.

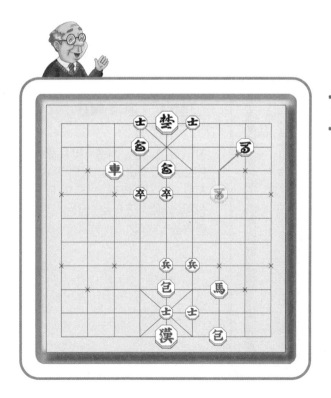

그림 6   의문의 이동

그림 5 이후 초나라 마를 피하는 것은 의문의 선택입니다.

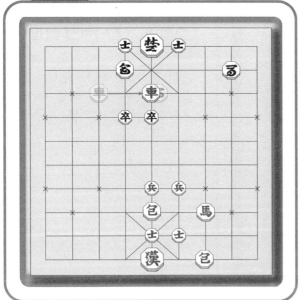

그림 7　커다란 이득

그림 6 이후 한나라에서는 면 포를 취하면서 장군을 부를 수 있으므로 대만족입니다.

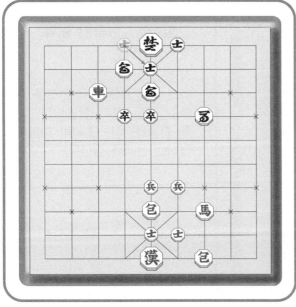

그림 8　초나라의 선택

그림 5 이후 초나라에서는 사 를 이동시켜서 포를 보호하는 정도입니다.

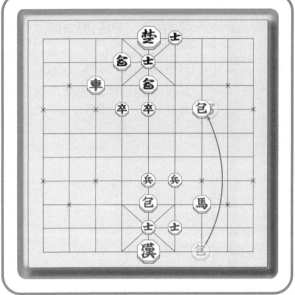

그림 9 한나라의 전과

그림 8 이후 한나라에서는 포를 이용해서 마를 취할 수 있으므로 상당한 전과를 거둔 모습입니다.

그림 10 성급한 공격

장면도 이후 한나라에서 성급하게 차를 이용해서 면포를 취하는 것은 좋지 않습니다. 이후 한나라 차는 초나라 마에게 잡히는 신세가 됩니다.

동그라미로 표시된 기물을 지키고 있는 초나라의 기물을 찾아서 공격해 보세요.

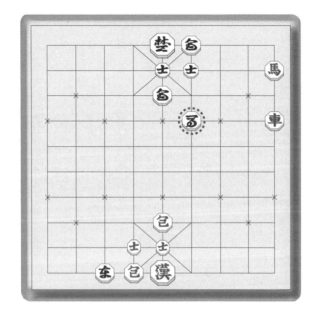

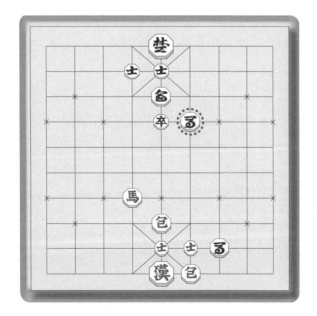

정답 1~2

 화살표로 표시한 곳으로 공격하는 것이 정답입니다.

1

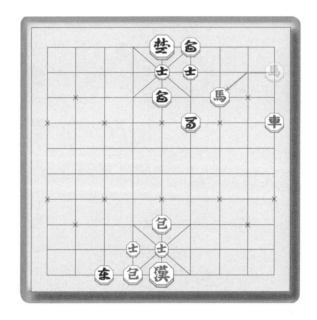

2

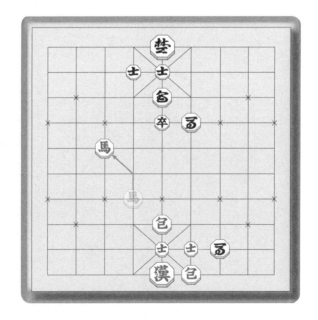

동그라미로 표시된 기물을 지키고 있는 초나라의 기물을 찾아서 공격해 보세요.

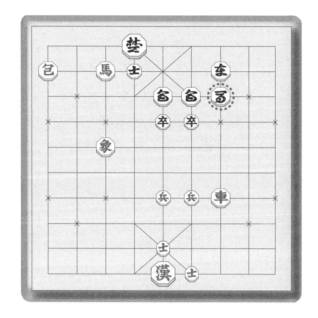

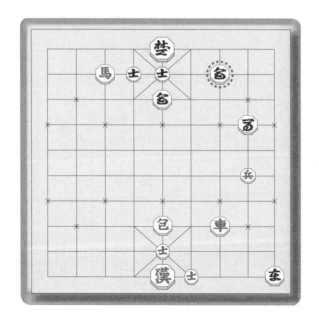

정답 3~4

→ 화살표로 표시한 곳으로 공격하는 것이 정답입니다.

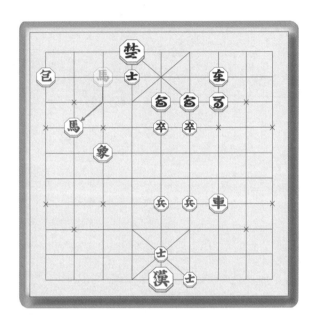

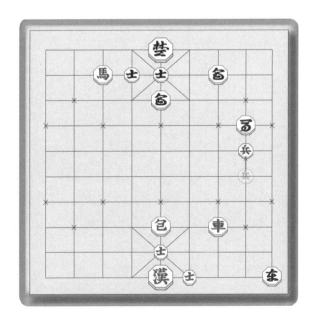

 동그라미로 표시된 기물을 지키고 있는 초나라의 기물을 찾아서 공격해 보세요.

5

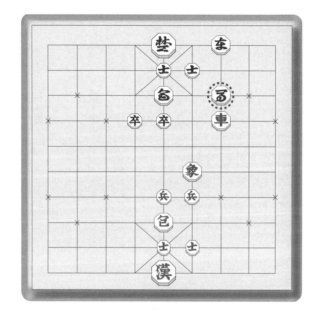

6

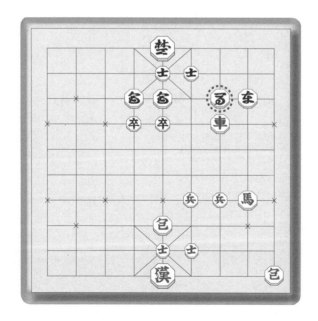

정답 5~6

 화살표로 표시한 곳으로 공격하는 것이 정답입니다.

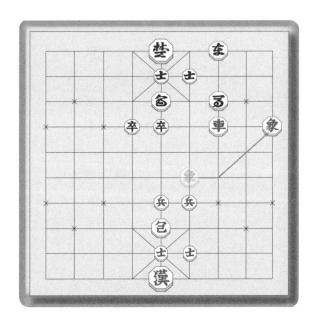

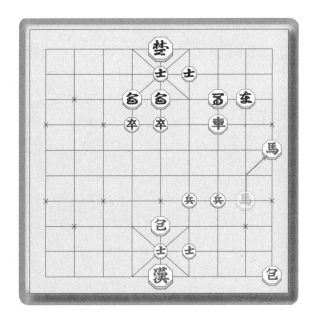

동그라미로 표시된 기물을 지키고 있는 초나라의 기물을 찾아서 공격해 보
세요.

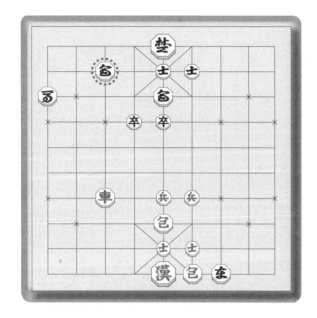

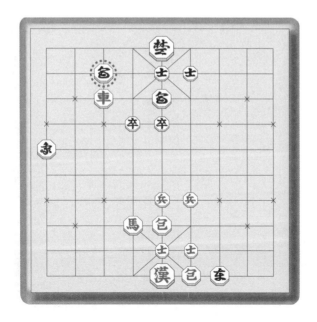

 화살표로 표시한 곳으로 공격하는 것이 정답입니다.

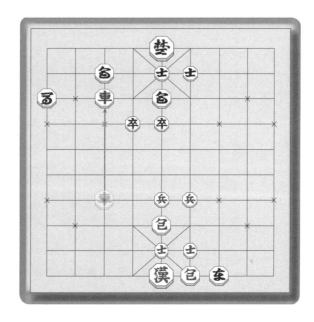

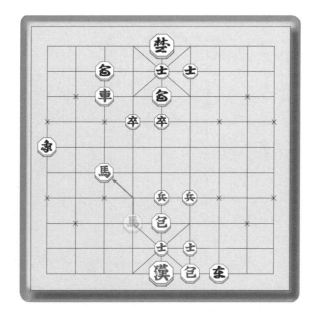

문제 9~10

동그라미로 표시된 기물을 지키고 있는 초나라의 기물을 찾아서 공격해 보세요.

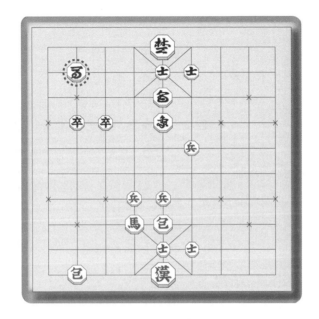

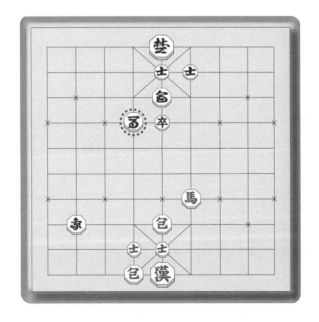

정답 9~10

화살표로 표시한 곳으로 공격하는 것이 정답입니다.

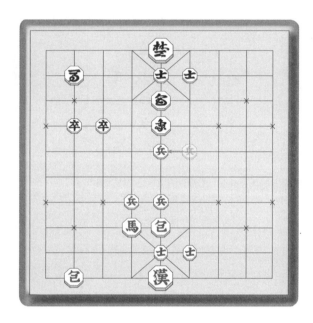

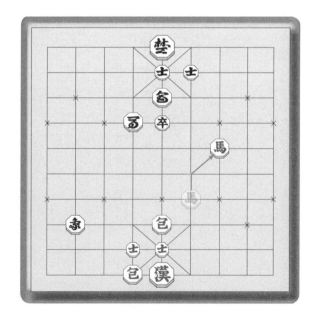

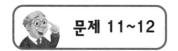

 동그라미로 표시된 기물을 지키고 있는 초나라의 기물을 찾아서 공격해 보세요.

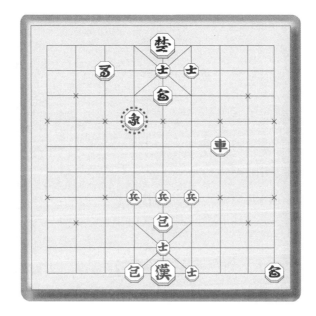

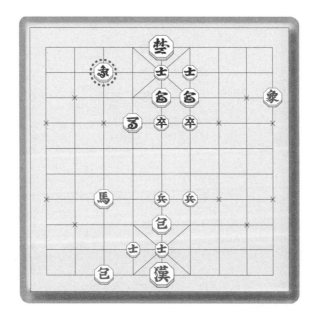

정답 11~12

화살표로 표시한 곳으로 공격하는 것이 정답입니다.

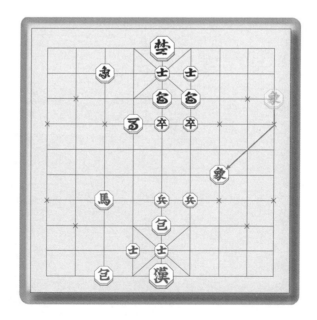

3 장애물 공격하기

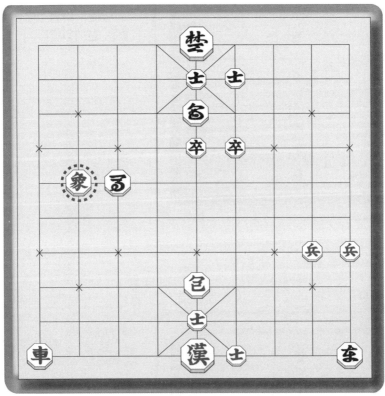

공격하는 과정에서 공격에 장애가 되는 상대편 기물이 존재할 수 있습니다. 이럴 경우 장애물이 되고 있는 기물을 공격하면 의외로 좋은 결과를 얻어낼 수 있습니다. 한나라의 상으로 초나라 면포를 노리고 있지만 초나라의 마가 멱을 막아서 방해를 하고 있습니다. 이 경우 한나라는 어떤 방법으로 국면을 풀어가야 할까요?

포인트 공격에 장애가 되는 기물이 공격 목표

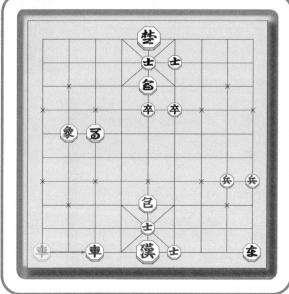

그림 1   멱을 막고 있는 기물 공격

차를 이동시켜서 상의 멱을 막고 있는 마를 공격하는 것이 좋은 선택입니다.

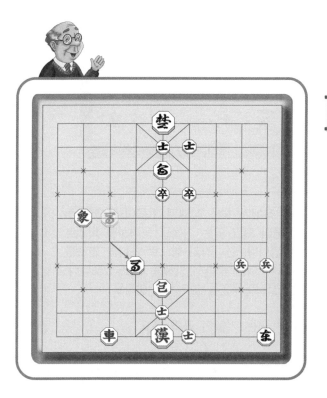

그림 2   마의 이동

차의 공격을 피해서 마를 이동시킨 모습입니다. 하지만 이처럼 마를 움직이면 한나라 상의 멱이 풀리게 됩니다.

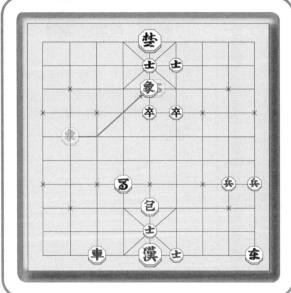

그림 3 ■ 작전 성공

그림 2 이후 한나라에서는 상의 멱이 풀린 기회를 이용해서 초나라의 면포를 포획할 수 있습니다.

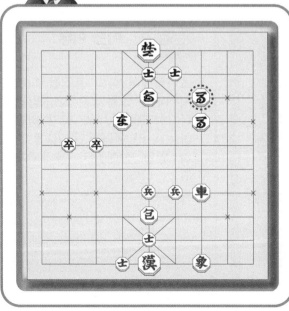

그림 4 ■ 공격 목표물

한나라의 공격 목표물은 뒤쪽에 놓여 있는 마입니다. 그렇다면 어떤 방법으로 공격하는 것이 좋을까요?

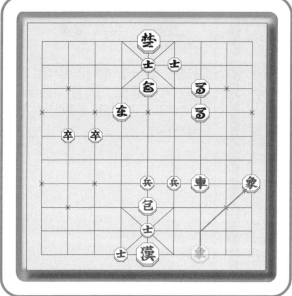

그림 5 **적절한 공격**

한나라에서는 상을 이동시켜
서 앞쪽에 위치하고 있는 마
를 공격하는 것이 좋은 작전
입니다.

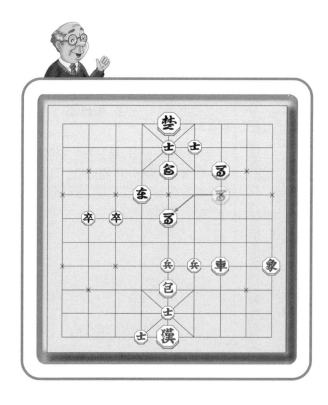

그림 6 **마의 이동**

초나라에서 상의 공격을 피해
서 마를 이동시킨 모습입니
다. 하지만 초나라 마가 이동
하는 순간 한나라 차 앞에 놓
여 있던 장애물이 사라지게
되었습니다.

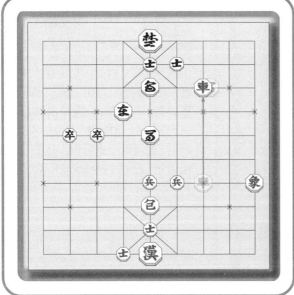

그림 7 **목표 달성**

그림 6 이후 한나라에서는 차를 이용해서 목표로 했던 마를 취할 수 있습니다.

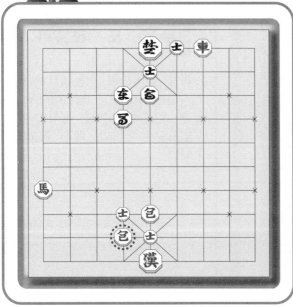

그림 8 **포를 활용한 공격**

한나라에서는 포를 이용해서 전과를 거두고 싶습니다. 그렇다면 어떤 작전을 구상하는 것이 좋을까요?

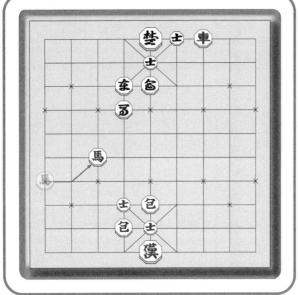

그림 9 **포의 장애물을 공격**

마를 이동시켜서 초나라의 마를 공격하는 것이 좋은 작전입니다. 계속해서 초나라 마가 움직일 수 없다는 것에 주목해야 합니다. 초나라 마가 움직이는 순간 한나라 포에 의해 초나라 차가 잡힙니다.

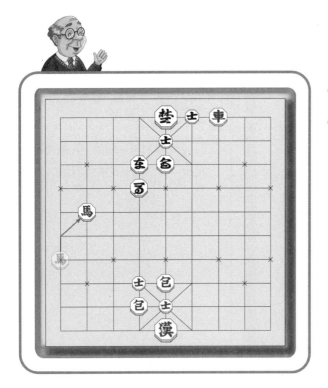

그림 10 **또 다른 공격**

마를 이곳으로 이동시켜서 공격하는 작전도 가능합니다. 이후 초나라는 마를 움직일 수 없으므로 낭패에 빠진 모습입니다.

문제 1~2

동그라미로 표시한 기물을 공격에 활용하려고 합니다. 한나라에서는 어떻게 두는 것이 최선일까요?

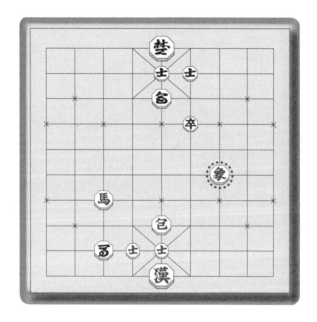

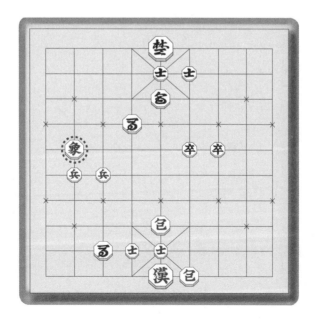

정답 1~2

화살표 방향으로 두어서 공격에 장애물이 되고 있는 기물을 공격하는 것이
정답입니다.

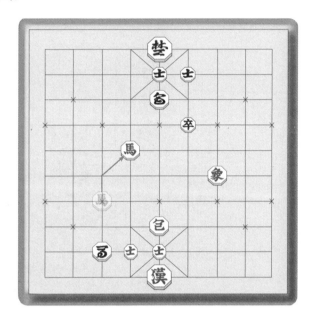

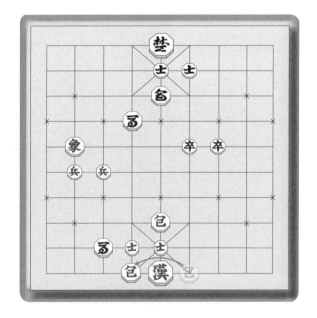

동그라미로 표시한 기물을 공격에 활용하려고 합니다. 한나라에서는 어떻게 두는 것이 최선일까요?

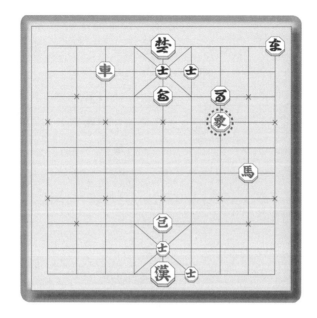

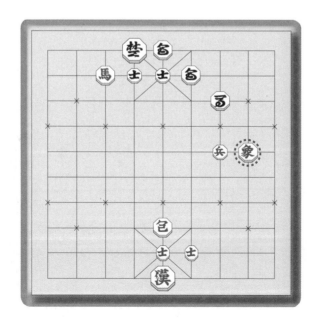

정답 3~4

화살표 방향으로 두어서 공격에 장애물이 되고 있는 기물을 공격하는 것이 정답입니다.

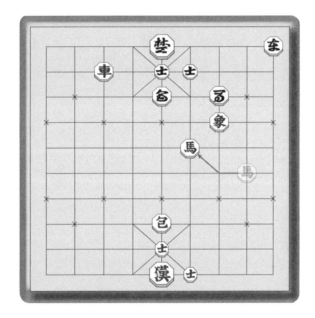

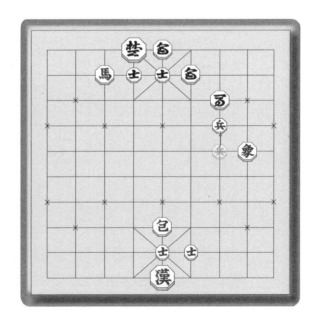

 동그라미로 표시한 기물이 공격에 방해가 되고 있습니다. 한나라에서는 어떻게 두는 것이 최선일까요?

5

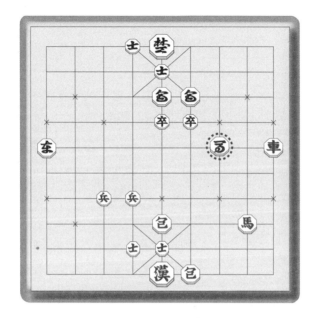

6

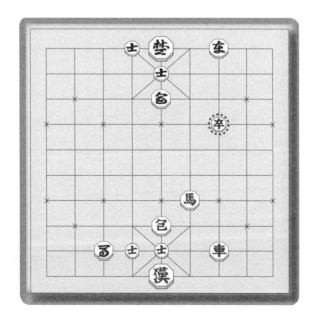

화살표 방향으로 두어서 공격에 장애물이 되고 있는 기물을 공격하는 것이
정답입니다.

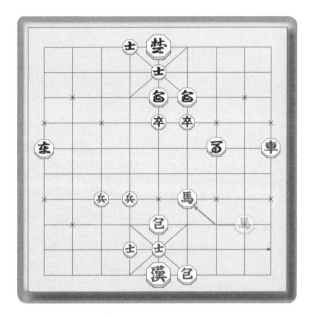

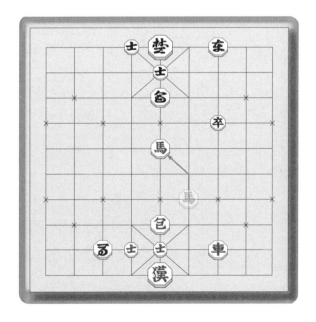

 동그라미로 표시한 기물이 공격에 방해가 되고 있습니다. 한나라에서는 어떻게
두는 것이 최선일까요?

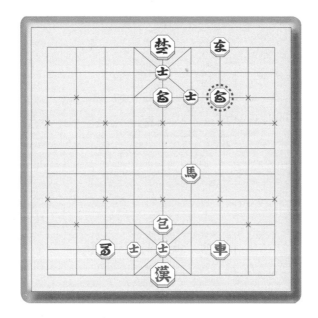

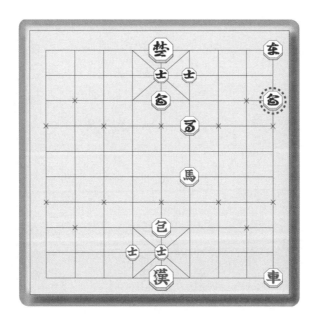

정답 7~8

 화살표 방향으로 두어서 공격에 장애물이 되고 있는 기물을 공격하는 것이
정답입니다.

7

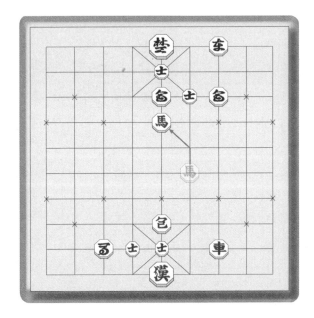

8

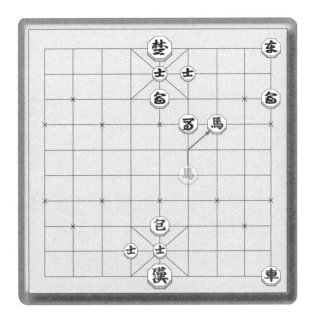

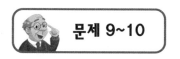

동그라미로 표시한 기물이 공격에 방해가 되고 있습니다. 한나라에서는 어떻게
두는 것이 최선일까요?

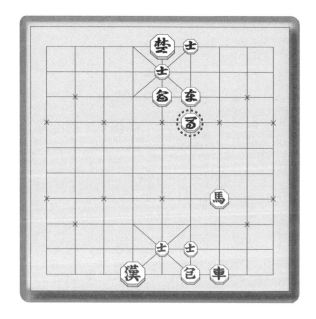

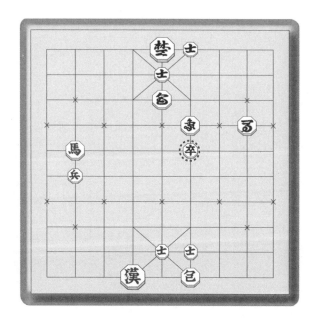

정답 9~10

 화살표 방향으로 두어서 공격에 장애물이 되고 있는 기물을 공격하는 것이
정답입니다.

9

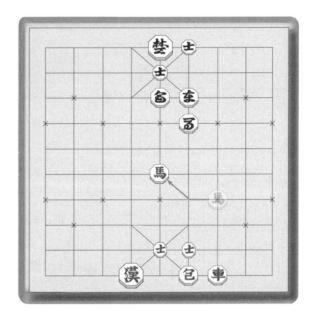

10

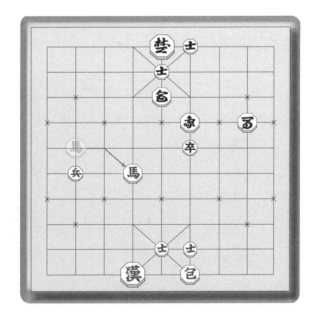

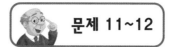

 동그라미로 표시한 기물이 공격에 방해가 되고 있습니다. 한나라에서는 어떻게 두는 것이 최선일까요?

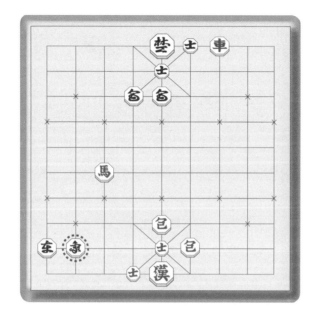

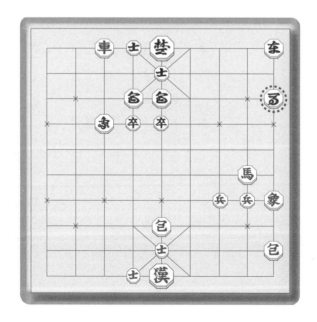

정답 11~12

화살표 방향으로 두어서 공격에 장애물이 되고 있는 기물을 공격하는 것이 정답입니다.

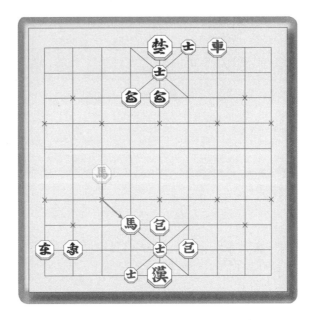

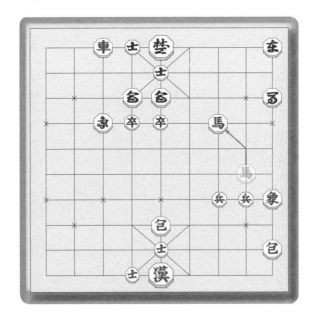

4 멱을 활용하는 공격법

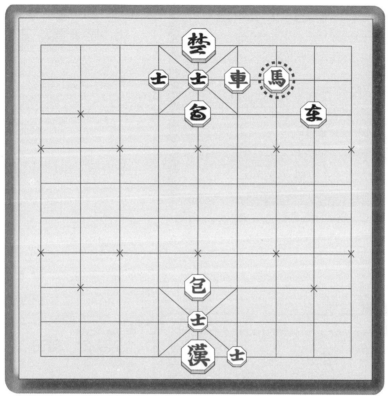

상대방에게 큰 피해를 줄 수 있는 공격 방법 중 멱을 활용하는 공격 기술이 있습니다. 이 기술을 활용하면 상황에 따라서 상당한 전과를 거둘 수가 있습니다. 장면도와 같은 상황에서 한 나라는 마를 활용해서 이득을 취하고 싶습니다. 그렇다면 어떤 작전을 펼치는 것이 좋을까요?

포인트 멱을 활용하는 공격은 상대방에게 큰 피해를 줄 수 있는 대표적인 공격 기술

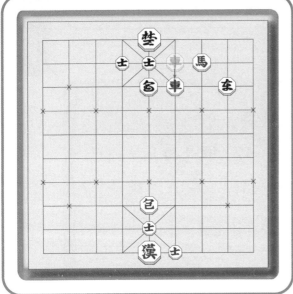

그림 1 뜰차 공격

차가 이동하면서 마장군을 부르는 것이 좋은 공격 방법입니다. 이른바 뜰차 공격입니다.

그림 2 멍군

그림 1 이후 초나라는 궁을 이동시켜서 멍군을 할 수밖에 없습니다.

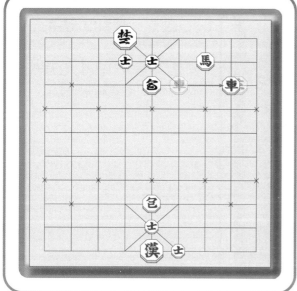

그림 3 차를 잡는 전과

그림 2 이후 한나라는 차를 이용해서 초나라 차를 잡는 상당한 전과를 거두었습니다.

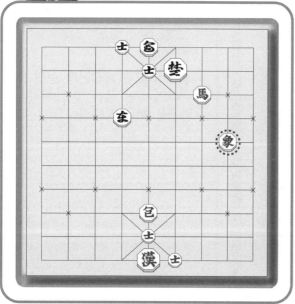

그림 4 상을 활용한 공격

한나라에서는 상을 이용해서 공격의 전과를 거두고 싶습니다. 상의 멱을 막고 있는 한나라의 마를 어떻게 이동하느냐가 중요합니다.

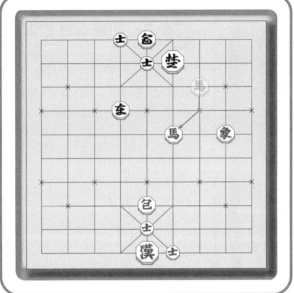

그림 5 통렬한 공격

마를 이동시키면서 상장군을
부르는 것이 정답입니다.

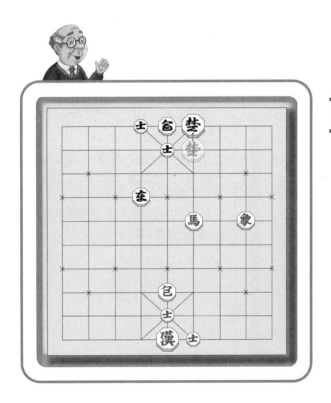

그림 6 멍군

그림 5 이후 상장군에 걸린 초
나라에서는 궁을 이동시켜서
멍군을 하는 정도입니다.

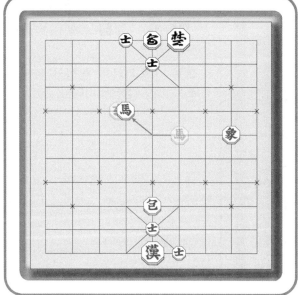

그림 7 **차를 잡는 전과**

그림 6 이후 한나라에서는 마를 이용해서 초나라 차를 잡는 상당한 전과를 거두었습니다.

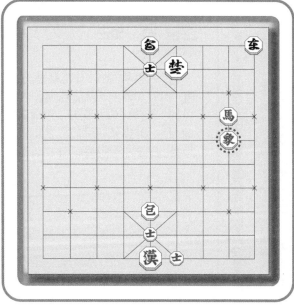

그림 8 **응용형**

그림 4에서 그림 7까지의 진행을 이해했다면 어렵지 않게 문제를 풀 수 있을 것입니다. 상을 활용한 공격 방법은 무엇일까요?

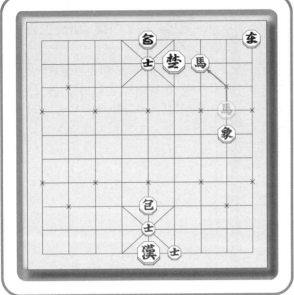

그림 9 정답

마를 이동시켜서 상장군을 부르는 것이 정답입니다.

그림 10 멍군

그림 9 이후 초나라에서는 궁을 이동시켜서 멍군을 할 수밖에 없습니다. 이후 한나라에서는 마를 이용해서 초나라 차를 잡을 수 있습니다.

동그라미로 표시한 기물을 움직여서 공격하려고 합니다. 한나라에서는 어떤 방법으로 공격하는 것이 최선일까요?

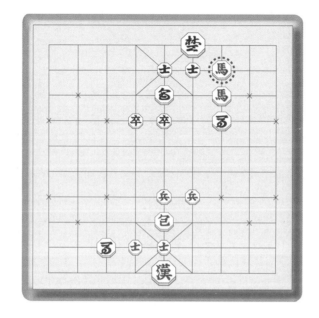

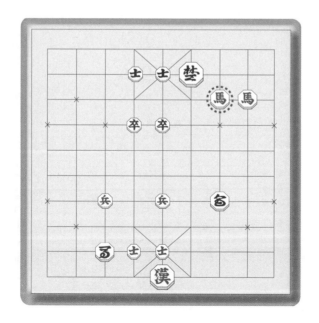

→ 화살표로 표시한 방법으로 이동하면서 장군을 부르는 것이 정답입니다.

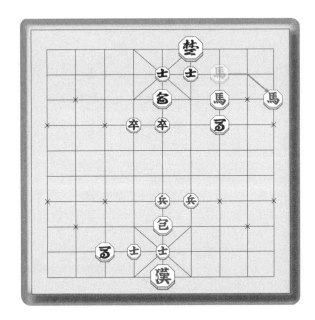

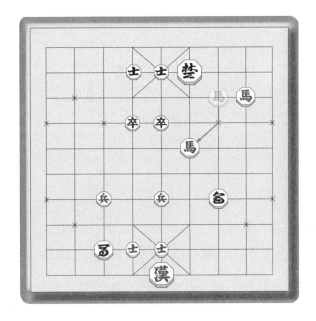

동그라미로 표시한 기물을 움직여서 공격하려고 합니다. 한나라에서는 어떤 방법으로 공격하는 것이 최선일까요?

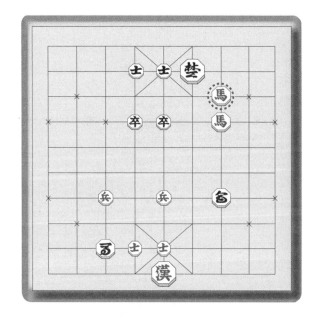

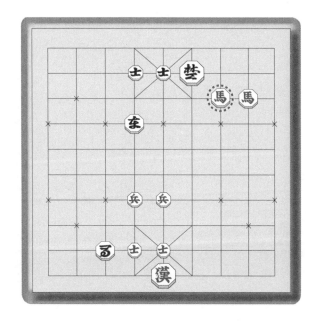

정답 3~4

 화살표로 표시한 방법으로 이동하면서 장군을 부르는 것이 정답입니다.

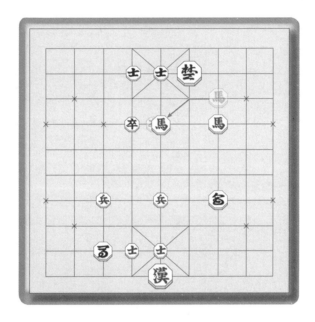

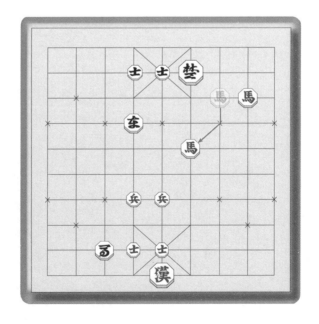

문제 5~6

동그라미로 표시한 기물을 움직여서 공격하려고 합니다. 한나라에서는 어떤
방법으로 공격하는 것이 최선일까요?

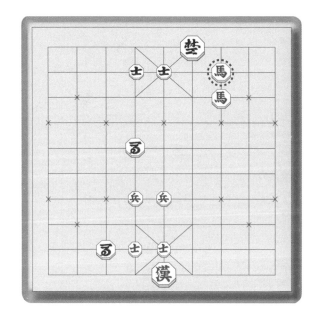

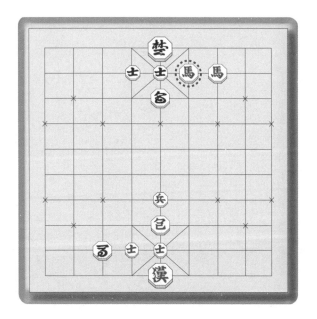

정답 5~6

화살표로 표시한 방법으로 이동하면서 장군을 부르는 것이 정답입니다.

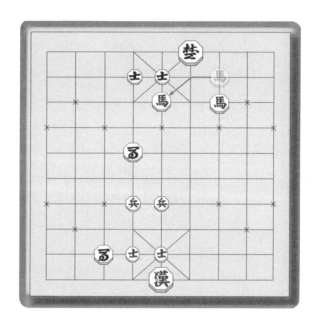

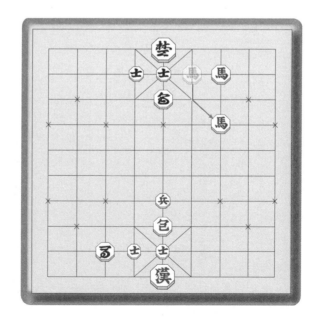

 동그라미로 표시한 기물을 움직여서 공격하려고 합니다. 한나라에서는 어떤 방법으로 공격하는 것이 최선일까요?

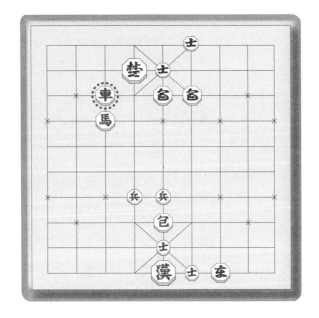

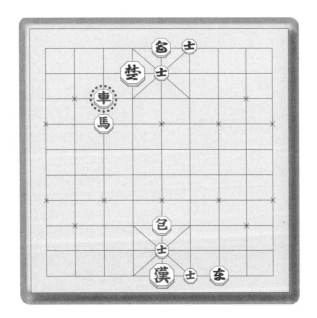

정답 7~8

 화살표로 표시한 방법으로 이동하면서 장군을 부르는 것이 정답입니다.

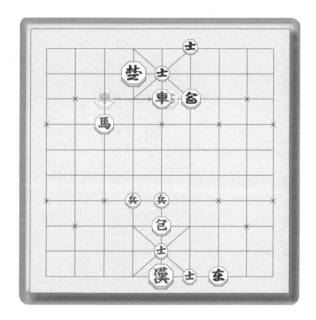

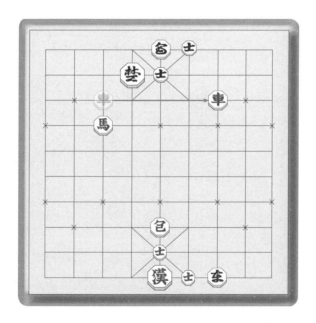

핵심주제

5   입궁과 장군

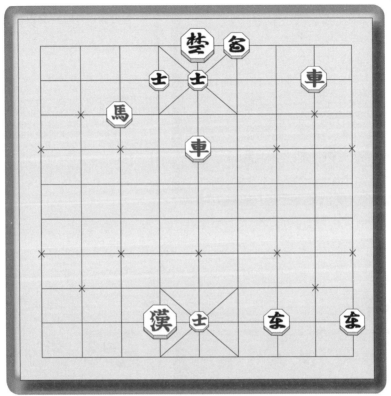

장기는 최종적으로 상대편 궁을 잡으면 이기는 게임입니다. 그러므로 입궁을 통해서 장군을 부르면 상대방에게 항복을 받아낼 수 있는 확률이 높아집니다. 장면도와 같은 상황에서 한나라가 승리하기 위해서는 어떤 방법으로 공격하는 것이 최선일까요?

포인트 1   장기는 최종적으로 상대편 궁을 잡으면 이기는 게임

포인트 2   입궁하면서 장군을 부르면 승리할 확률이 높아짐

그림 1   장군

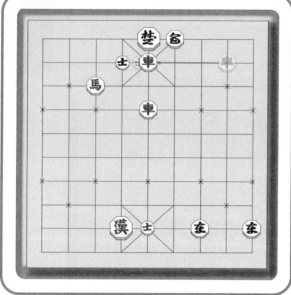

차를 희생하면서 사를 잡으며
장군을 부르는 것이 정답입니다.

그림 2   멍군

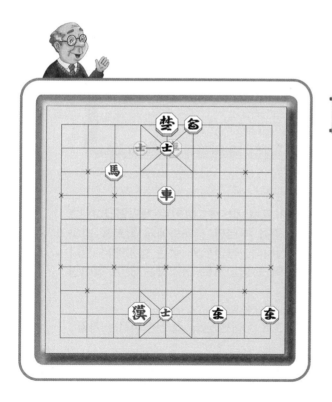

그림 1 이후 초나라에서는 사
를 이용해서 차를 잡으며 멍군
을 할 수밖에 없습니다.

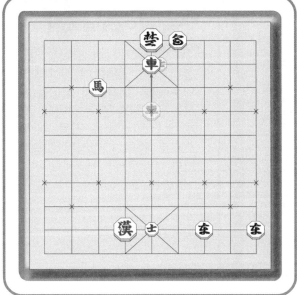

그림 3　　차의 희생 작전

그림 2 이후 한나라에서는 차로 사를 취하면서 입궁하며 장군을 부르는 것이 좋은 수입니다. 한나라 마가 대기하고 있으므로 초나라는 차를 잡을 수 없으므로 항복을 선언할 수밖에 없는 모습입니다.

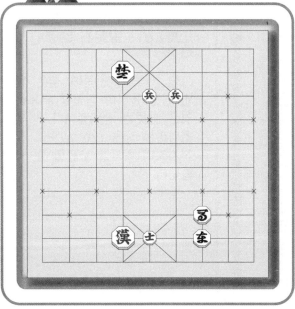

그림 4　　병을 활용한 공격

한나라는 궁 안에 위치하고 있는 병을 이용해서 초나라에게 항복을 받아내는 좋은 공격수가 있습니다.

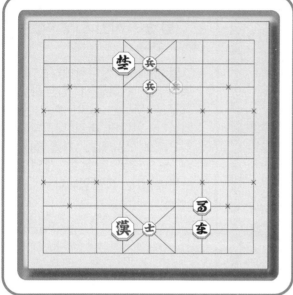

그림 5 올바른 공격

한나라는 오른쪽에 위치하고 있는 병을 이용해서 장군을 부르는 것이 좋은 수입니다. 이후 초나라는 병을 잡을 수 없으므로 승부가 결정된 모습입니다.

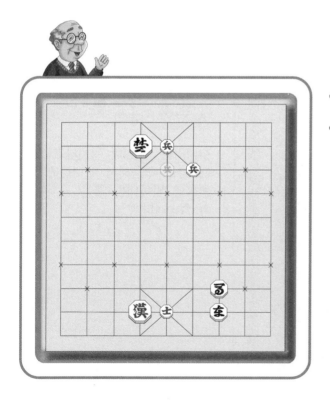

그림 6 잘못된 입궁

그림 4 이후 왼쪽에 놓여 있던 병을 올리며 장군을 부르는 것은 잘못된 선택입니다. 이후 초나라는 궁을 한칸 앞으로 전진시키며 위기를 모면할 수 있습니다.

문제 1~2

한나라가 승리하기 위해서는 어떻게 공격하는 것이 좋을까요?

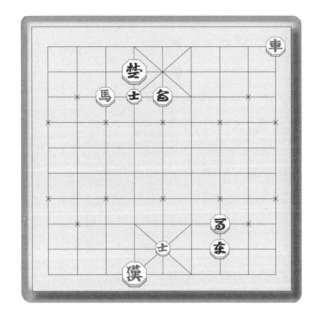

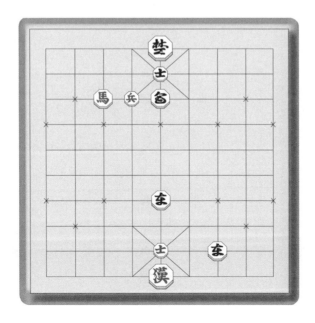

→ 화살표 방향으로 입궁하면서 장군을 부르면 승리할 수 있습니다.

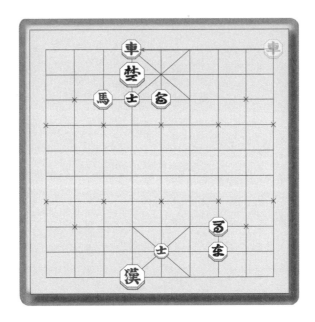

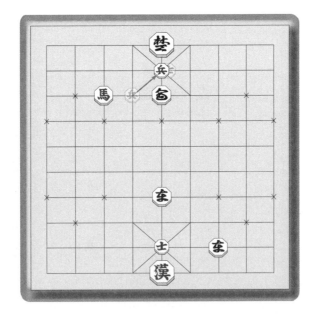

 한나라가 승리하기 위해서는 어떻게 공격하는 것이 좋을까요?

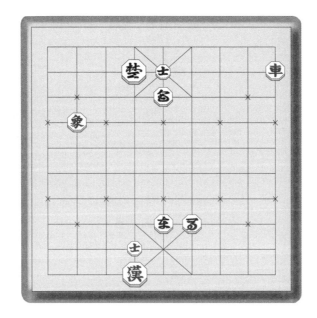

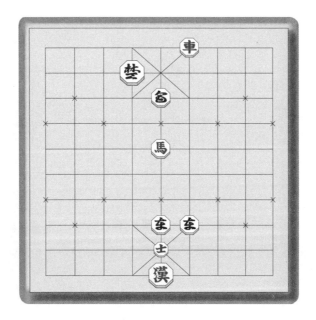

정답 3~4

 화살표 방향으로 입궁하면서 장군을 부르면 승리할 수 있습니다.

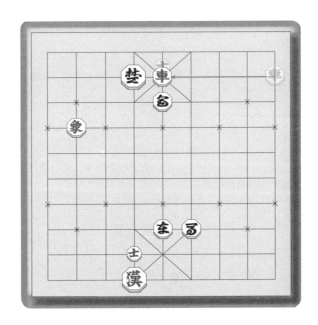

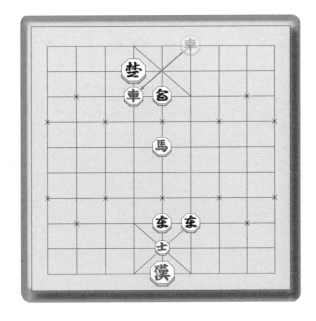

한나라가 승리하기 위해서는 어떻게 공격하는 것이 좋을까요?

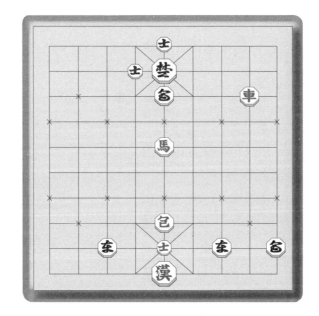

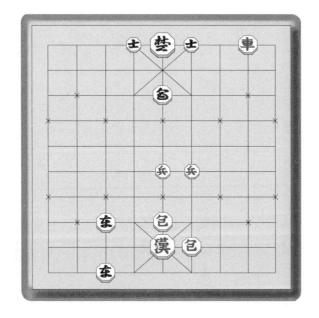

 화살표 방향으로 입궁하면서 장군을 부르면 승리할 수 있습니다.

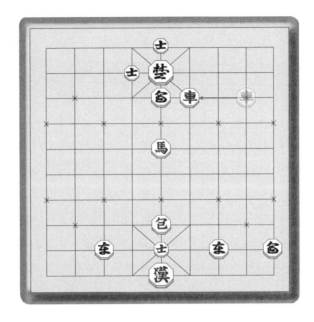

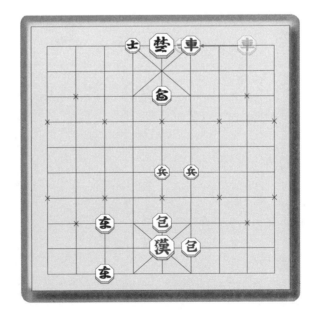

한나라가 승리하기 위해서는 어떻게 공격하는 것이 좋을까요?

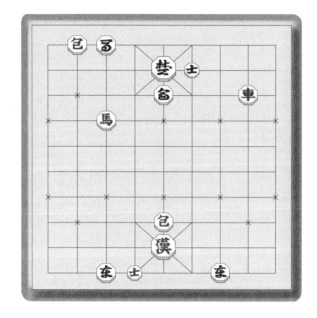

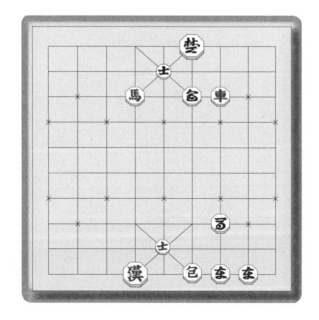

화살표 방향으로 입궁하면서 장군을 부르면 승리할 수 있습니다.

7

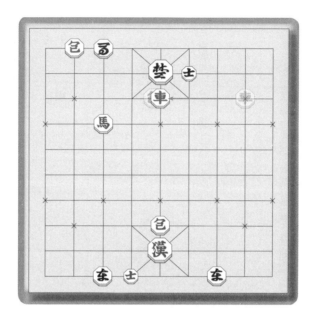

8

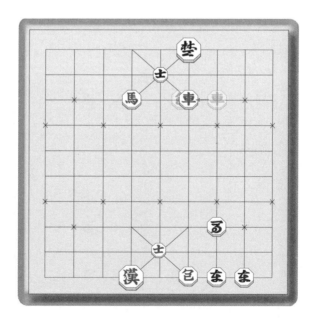

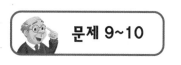

문제 9~10

 한나라가 승리하기 위해서는 어떻게 공격하는 것이 좋을까요?

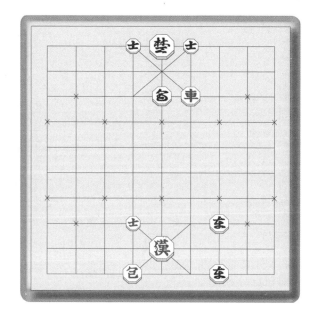

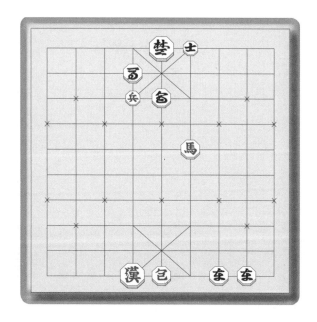

정답 9~10

 화살표 방향으로 입궁하면서 장군을 부르면 승리할 수 있습니다.

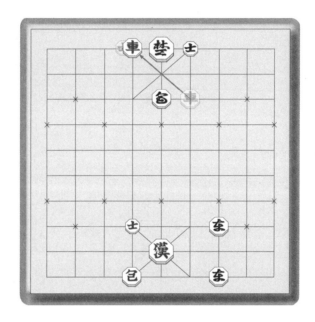

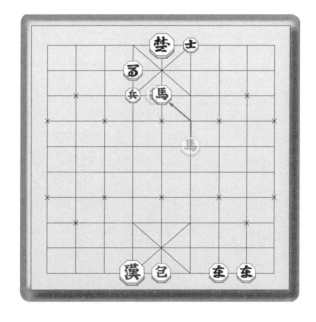

제6장

모범 포진 실전 감상

네오메디컬배 오픈 장기 최강전

楚 유광진 四단
漢 송은미 四단

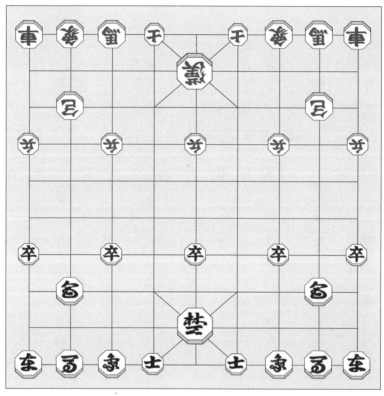

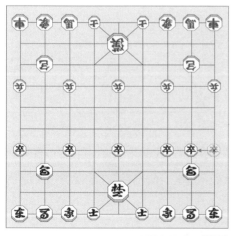

실전 진행 (1도)

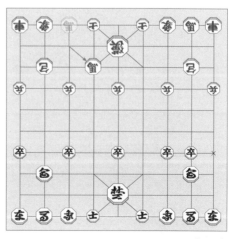

실전 진행 (2도)

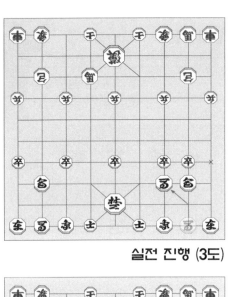

실전 진행 (3도)

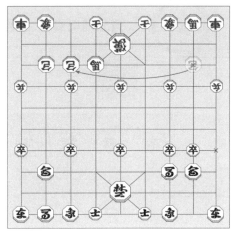

실전 진행 (4도)

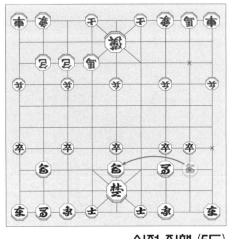

실전 진행 (5도)

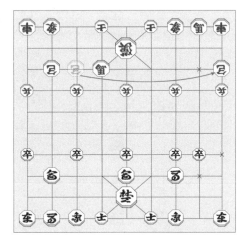

실전 진행 (6도)

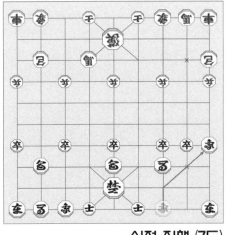

실전 진행 (7도)

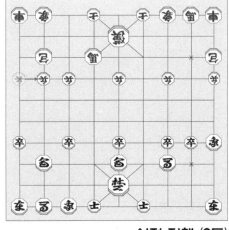

실전 진행 (8도)

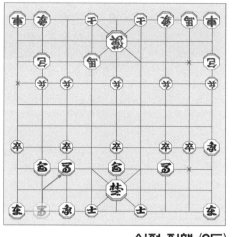

실전 진행 (9도)

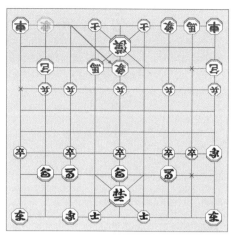

실전 진행 (10도)

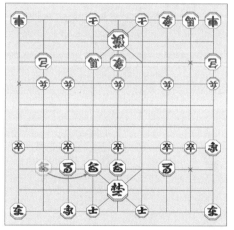

실전 진행 (11도)

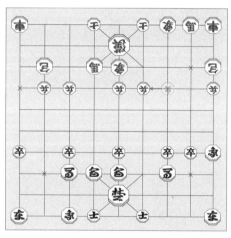

실전 진행 (12도)

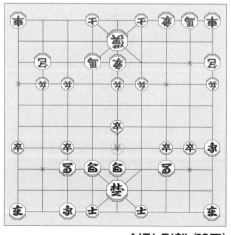

실전 진행 (13도)

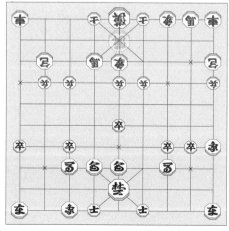

실전 진행 (14도)

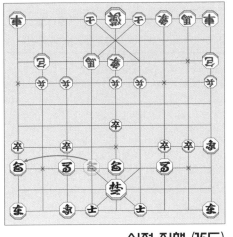

실전 진행 (15도)

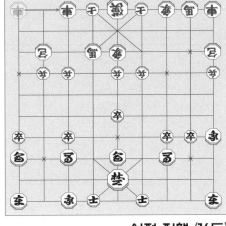

실전 진행 (16도)

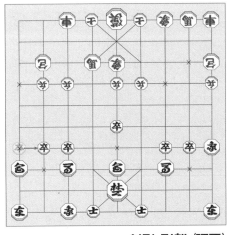

실전 진행 (17도)

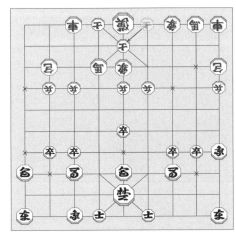

실전 진행 (18도)

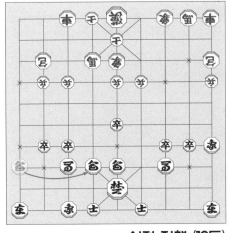

실전 진행 (19도)

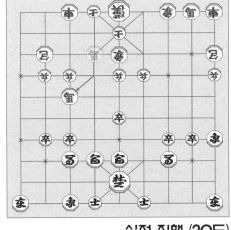

실전 진행 (20도)

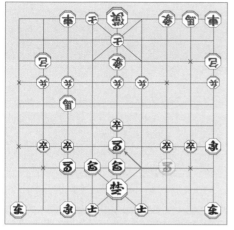

실전 진행 (21도)

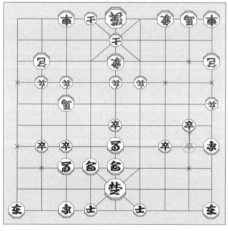

실전 진행 (22도)

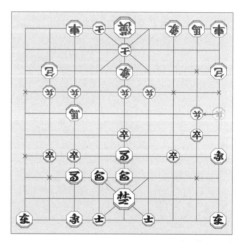

실전 진행 (23도)

실전 진행 (24도)

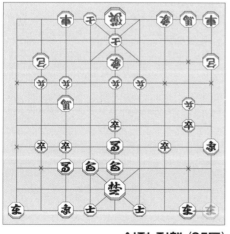

실전 진행 (25도)

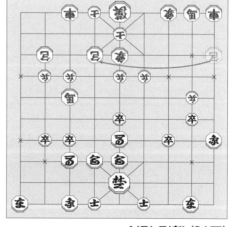

실전 진행 (26도)

제4회 총재배 K-장기 챔피언십 결승

楚 차선균 四단
漢 김동학 九단

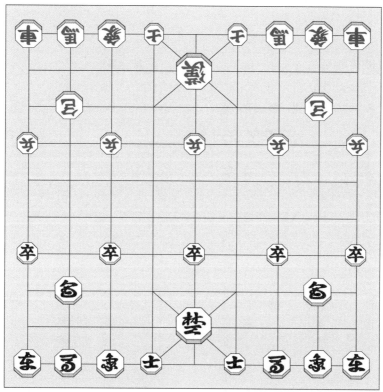

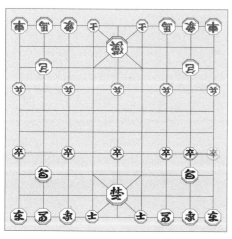

실전 진행 (1도)

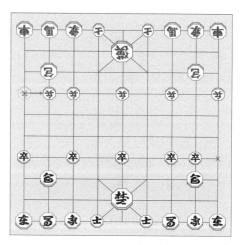

실전 진행 (2도)

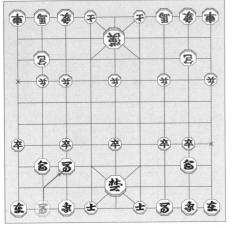

실전 진행 (3도)

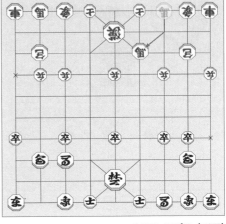

실전 진행 (4도)

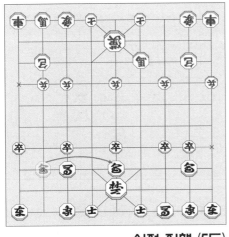

실전 진행 (5도)

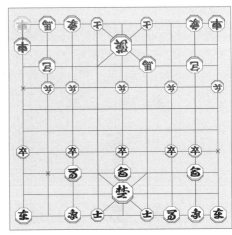

실전 진행 (6도)

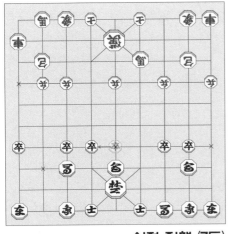

실전 진행 (7도)

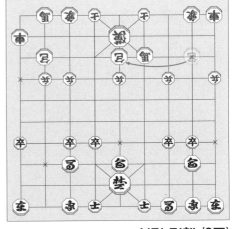

실전 진행 (8도)

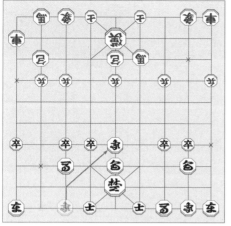

실전 진행 (9도)

실전 진행 (10도)

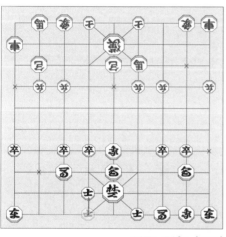

실전 진행 (11도)

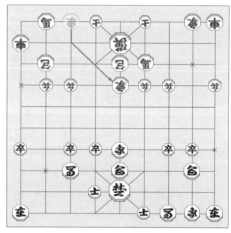

실전 진행 (12도)

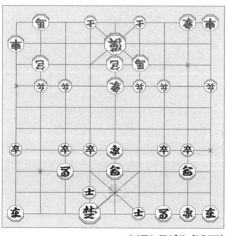

실전 진행 (13도)

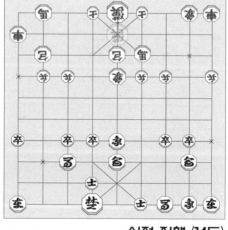

실전 진행 (14도)

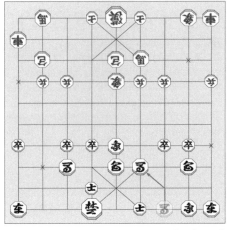

실전 진행 (15도)

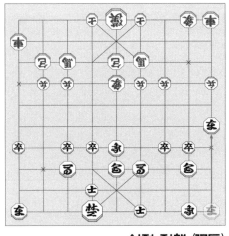

실전 진행 (16도)

실전 진행 (17도)

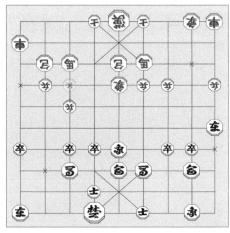

실전 진행 (18도)

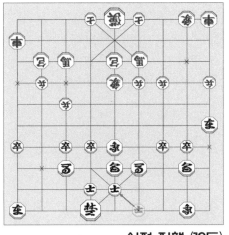

실전 진행 (19도)

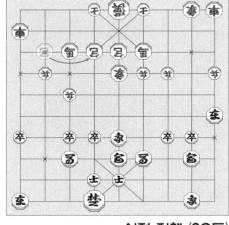

실전 진행 (20도)

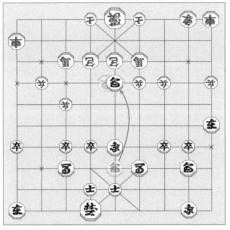

실전 진행 (21도)

실전 진행 (22도)

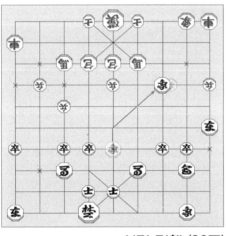

실전 진행 (23도)

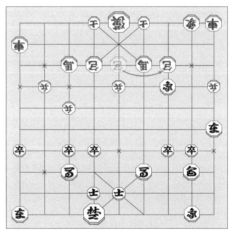

실전 진행 (24도)

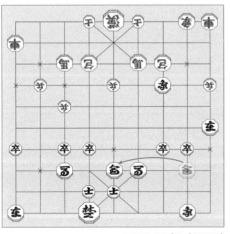

실전 진행 (25도)

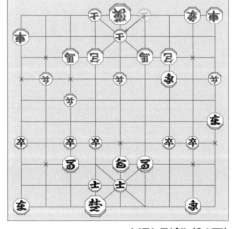

실전 진행 (26도)

제4회 총재배 K-장기 챔피언십 3~4위 결정전

楚 유광진 四단
漢 정원직 二단

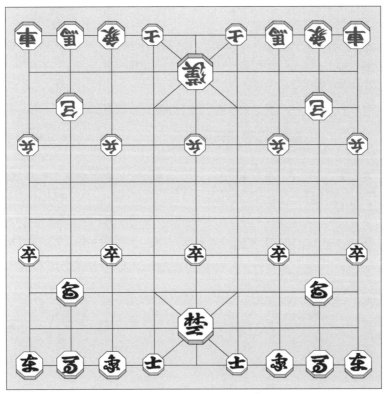

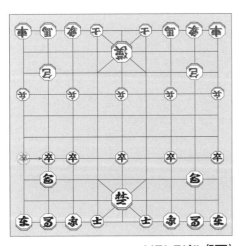

실전 진행 (1도)

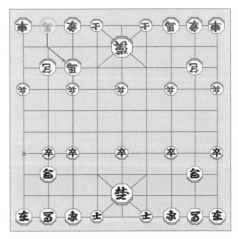

실전 진행 (2도)

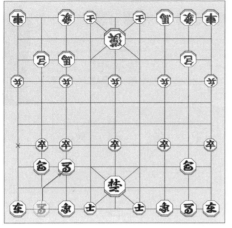

실전 진행 (3도)

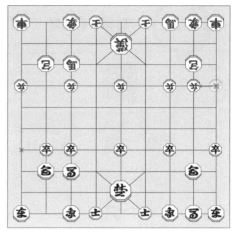

실전 진행 (4도)

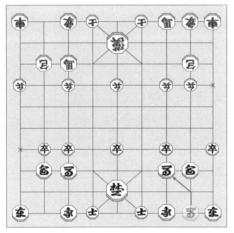

실전 진행 (5도)

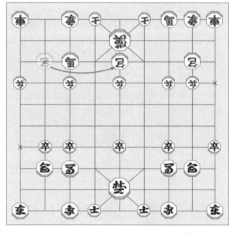

실전 진행 (6도)

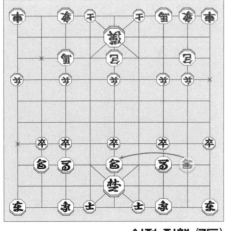

실전 진행 (7도)

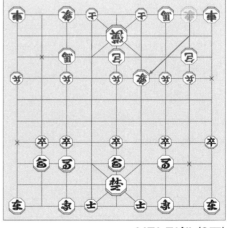

실전 진행 (8도)

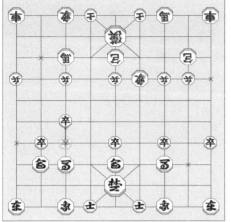

실전 진행 (9도)

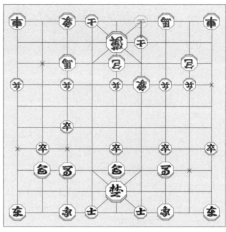

실전 진행 (10도)

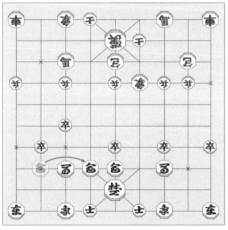

실전 진행 (11도)

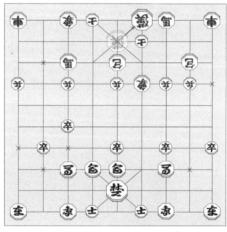

실전 진행 (12도)

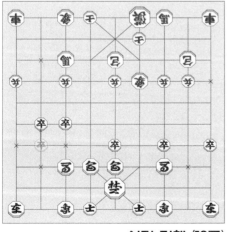

실전 진행 (13도)

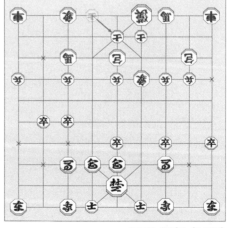

실전 진행 (14도)

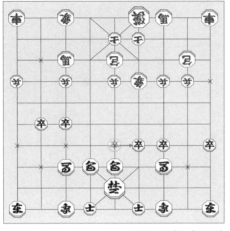

실전 진행 (15도)

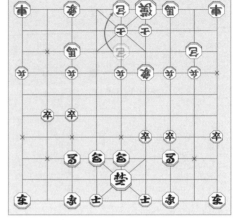

실전 진행 (16도)

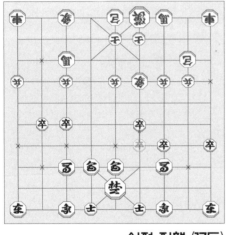

실전 진행 (17도)

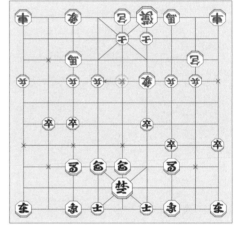

실전 진행 (18도)

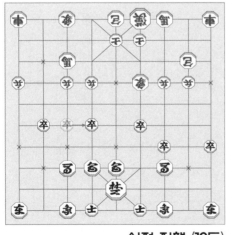

실전 진행 (19도)

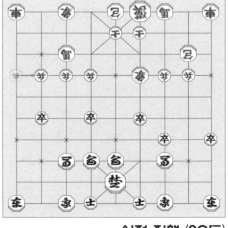

실전 진행 (20도)

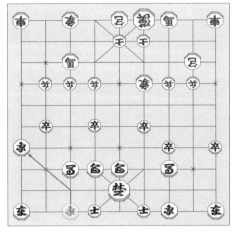

실전 진행 (21도)

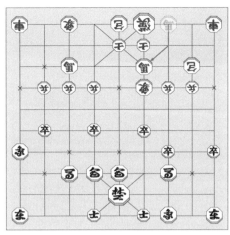

실전 진행 (22도)

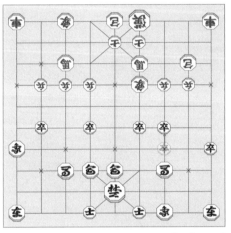

실전 진행 (23도)

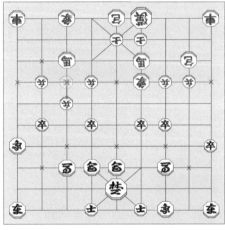

실전 진행 (24도)

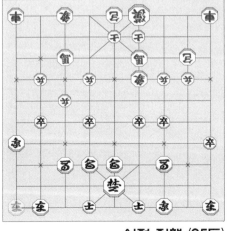

실전 진행 (25도)

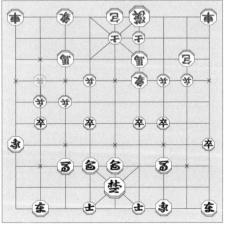

실전 진행 (26도)

1 휴대폰 QR코드 읽기 두가지 경우

갤럭시 등 휴대폰에서 QR 코드를 읽는(스캔하는) 방법은 두 가지 케이스로 생각할 수 있는데요.

① 휴대폰 카메라로 직접 QR코드 읽기 (스캔하기)
② 찍어 놓은 휴대폰 사진(이미지)의 QR코드 읽기

먼저 휴대폰에 내장된 카메라로 QR코드를 스캔하는 방법을 설명하고, 다음으로 찍어 놓은 휴대폰 사진의 QR코드를 스캔하는 방법을 소개하도록 하겠습니다.

2 휴대폰 QR코드 읽기

① 휴대폰 카메라로 직접 휴대폰 QR코드 읽기

최신 휴대폰은 그냥 사진기를 들여다 대면 자동으로 QR코드를 읽어 들입니다. 거의 대부분의 분들은 카메라를 QR코드 그림에 가져다 대면 자동으로 읽을 수 있습니다.

② 찍어 놓은 휴대폰 사진(이미지)의 QR코드 읽기

다음은 사진으로 찍어서 이미지로 저장한 코드를 읽는 방법인데요. 휴대폰으로 찍어 놓은 이미지로부터 QR코드를 읽어 들이고 싶을 땐, 카카오톡을 이용해서 스캔할 수 있습니다.

 먼저 카카오톡의 경우는 우측하단의 더보기(점세개) 아이콘을 누르고 제일 위에 나오는 QR코드 아이콘을 누릅니다. 그리고 우측 상단의 앨범을 선택해서 QR코드가 찍혀있는 사진을 불러오면 냉큼 스캔이 실행됩니다.

혹시 아직 휴대폰의 카메라로 QR코드를 읽지 못하는 분들은 카톡의 카메라를 이용하면 휴대폰에서 카메라로 QR코드를 읽을 수 있습니다. 가져다 대기만 하면 금방 읽어서 연결해 줍니다. 카톡의 친구 QR코드만 읽어주는 것이 아니랍니다. 편리하네요.

장기 보급을 통한 건전하고 건강한 사회구현!
(사)대한장기연맹이 장기 보급을 통해 이루고자 하는
최고의 가치이며 이상입니다.

전국민 브레인스포츠로서의 대도약을 위한
장기 보급 특별 프로젝트!!

(사)대한장기연맹과 브레인TV가 적극적으로 앞장서겠습니다.

서림문화사는 장기책 시리즈의 주요 저자인 (사)대한장기연맹과 함께
1000만 장기인 시대를 위한 보급 활동에 적극적으로 노력하고 있습니다.

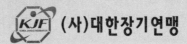 (사)대한장기연맹

(사)대한장기연맹 홈페이지 http://kojf.net
이메일 korea-janggi@naver.com
전화 02-2163-0416

스마트
바둑 첫걸음 ❶, ❷, ❸

지능발달, 집중력 쑥쑥!
만화를 통해 바둑을 쉽고 재미있게 배울 수 있는
스마트 바둑 첫걸음 ❶, ❷, ❸
개념과 원리를 바탕으로 체계적인 바둑 지식이 차곡 차곡 쌓여요!

각권 18,000원

바둑의 왕좌는
AI가 결정한다!

서림문화사 현대 AI 바둑사전 시리즈를 모르고 바둑을 두면 영원한 하수!
현대 AI 바둑사전 시리즈는 예전 유행했던 포석, 정석 등의 허점을 철저하게
파헤치고 있을 뿐 아니라 AI에 의해 정립된 신개념 행마의 진면목을
깨우칠 수 있는 기력 향상의 필독서!

각권 **25,000원**

서림문화사

하루에 깨우치는 장기

2024년 1월 10일 1판 1쇄 인쇄
2024년 1월 15일 1판 1쇄 발행

지은이/ 성기창 三段
발행처/ 서림문화사
발행자/ 신종호
주 소/ 경기도 파주시 광탄면 장지산로 278번길 68
홈페이지/ http://www.kung-fu.co.kr
　　　　　　http://www.tutodown.com
네이버 카페 주소/ https://cafe.naver.com/bookseolim

전 화/ (02) 763-1445, 742-7070
팩시밀리/ (02) 745-4802

등록일/ 1975. 12. 1
특허청 상호등록/ 022307호